Perspektiven mediativer Kompetenzentwicklung

DORIS KLAPPENBACH

PERSPEKTIVEN MEDIATIVER KOMPETENZENTWICKLUNG

Eine explorative Studie
zur retrospektiven Evaluation
einer Mediationsausbildung durch
interkulturell arbeitende Kräfte aus
sozialen und pädagogischen Handlungsfeldern

PETER LANG

Frankfurt am Main · Berlin · Bern · Bruxelles · New York · Oxford · Wien

Bibliografische Information der Deutschen Nationalbibliothek
Die Deutsche Nationalbibliothek verzeichnet diese Publikation
in der Deutschen Nationalbibliografie; detaillierte bibliografische
Daten sind im Internet über http://dnb.d-nb.de abrufbar.

Umschlaggestaltung:
© Olaf Gloeckler, Atelier Platen, Friedberg

Gedruckt auf alterungsbeständigem,
säurefreiem Papier.

ISBN 978-3-631-62239-1
© Peter Lang GmbH
Internationaler Verlag der Wissenschaften
Frankfurt am Main 2012
Alle Rechte vorbehalten.

Das Werk einschließlich aller seiner Teile ist urheberrechtlich
geschützt. Jede Verwertung außerhalb der engen Grenzen des
Urheberrechtsgesetzes ist ohne Zustimmung des Verlages
unzulässig und strafbar. Das gilt insbesondere für
Vervielfältigungen, Übersetzungen, Mikroverfilmungen und die
Einspeicherung und Verarbeitung in elektronischen Systemen.

www.peterlang.de

Inhalt

Danksagung 7

Einleitung 9

1 Das Forschungsdesign 17
   1.1 Ein Blick aufs Ganze – Der Forschungszusammenhang 17
   1.2 Die Forschungshypothesen „Mediation und interkulturelle Kompetenz" 25
   1.3 Die Befragungsgruppen (im Rahmen der leitfadengestützten narrativen Interviews) 26
   1.4 Die Befragung der Mediator/inn/en 27
   1.5 Der Interviewleitfaden zur Befragung der Mediator/inn/en 27
   1.6 Der Leitfaden für das Expert/inn/eninterview 29
   1.7 Die Stichprobe 32
   1.8 Die qualitative Inhaltsanalyse 34

2 Die Bewertung der Kompetenzentwicklung mit Hilfe von Mediationsausbildung durch Agierende sozialer und pädagogischer Handlungsfelder 43
   2.1 Ergebnisse zur Themenstellung der Forschungshypothesen 43
      2.1.1 Mediative interkulturelle Kompetenz als Schlüsselkompetenz im pädagogischen Arbeitsfeld (Hypothese 1) 44
      2.1.2 Steigerung von Ambiguitätstoleranz, Toleranz und Souveränität im Umgang mit schwierigen und konfliktreichen Situationen durch Mediationsausbildung (Hypothese 2) 49
      2.1.3 Bestehender Bedarf an beruflicher Qualifizierung in mediativer interkultureller Kompetenz (Hypothese 3) 56
      2.1.4 Nachfrage und Angebot im Vergleich (Hypothese 4) 58
      2.1.5 Vorteile der Kompetenzvermittlung im universitären Rahmen (Hypothese 5) 62
      2.1.6 Übertragbarkeit von Ergebnissen aus der internationalen Friedensforschung (Auswertung des Datenmaterials zu Forschungshypothese 6) 66
      2.1.7 Gesamtbetrachtung der Thesen 68

2.2 Ergebnisse zu den Forschungsfragen 69
    2.2.1 Inwieweit eignet sich Mediationsausbildung zur Entwicklung von Diversity-Kompetenz? 70
    2.2.2 Welche Kompetenzen zum konstruktiven Umgang mit Diversität beschreiben die Befragten als Konsequenz der Mediationsausbildung (Wirksamkeitsaspekt)? 73
    2.2.3 Was sollte in einer Mediationsausbildung zum Umgang mit Diversität (noch) vermittelt werden? 74
    2.2.4 Was geht aus den Interviews zur Fragestellung nach geeigneten Akteur/inn/en für Diversitätsmanagement in Deutschland hervor? 77
2.3 Fazit 79
    2.3.1 Verbindungslinien mediatorischer, mediativer und interkultureller Kompetenz 79
    2.3.2 Wirksamkeit und Perspektiven der evaluierten Kompetenzvermittlung im Überblick 80
    Universitäres Ausbildungsangebot Mediation 81
    2.3.3 Schlussfolgerungen 82

3 Das Modell der Integrativen Mediationsausbildung mit dem Vermittlungsansatz Mediative Kommunikation 89
    3.1 Mediative Kommunikation als alltagsbezogenes Kompetenzvermittlungsmodell 91
    3.2 Inhalte und Aufbaustruktur des integrativen Mediationsausbildungsangebotes (FU Berlin) 95
    3.3 Der hochschuldidaktischen Konzeption zugrunde gelegte empirische Arbeiten zu Qualifizierungsangeboten in mediativer Kompetenz 97
    3.4 Integrative Mediationsausbildung als Perspektive zum Diversitätsmanagement 101
    3.5 Bisherige Evaluationsergebnisse 103
    3.6 Zusammenfassung 109

Quellenverzeichnis 117

Danksagung

Ich danke den Interviewten dafür, dass sie sich die Zeit genommen haben, mit mir ihre Eindrücke und Gedanken zu teilen. Ebenso danke ich meinen Kolleg/inn/en an der Freien Universität Berlin, im Arbeitsbereich Mediative Kommunikation und im Bundesverband Mediation, die mir immer wieder Impulse gaben, das Thema Mediation für interkulturelle Kompetenz in unterschiedlichen Richtungen zu durchdenken – allen voran Nicole Berse-Schaks, Sigrid Niemer, Beate Rohmann, Faisal Shaddad, Lisa Kapteina, Dr. Andrea Friese, Anne Trantow, Stefanie Hoffmann, Nicola Harder, Sophia Oswald und Nicole Heunemann für ihre engagierte und vor allem beherzte Mitarbeit an Durchführung und Forschung im Zusammenhang mit der Integrativen Mediationsausbildung Modul A: Mediation in pädagogischen Handlungsfeldern (Fachbereich Erziehungswissenschaft und Psychologie an der Freien Universität Berlin).

Weiterhin danke ich den vielen kreativen Teilnehmer/inne/n und tatkräftigen Student/inn/en für ihre Rückmeldungen und die Beteiligung an den umfangreichen Fragebögen, Dr. Edith Braun und dem Lehrevaluationsteam am Fachbereich Erziehungswissenschaft und Psychologie der FU Berlin für die Entwicklung, Umsetzung und die mir zur Verfügung gestellten Ergebnisse ihres Messinstruments. Nicht zuletzt danke Annette Brandes und Dr. Sophia Kumpmann für ihre Anregungen zum Text, Meike Teichmann für die technische Bearbeitung der Abbildungen und dem Verlagsteam für die gute Zusammenarbeit.

Einleitung

„Mediation für interkulturelle Kompetenz"

Dieses Buch fokussiert Inhalte, Ergebnisse und Schlussfolgerungen einer explorativen Studie zur retrospektiven Evaluation einer Mediationsausbildung durch Kräfte aus dem sozialen und pädagogischen Arbeitsbereich. Der Titel „Mediation für interkulturelle Kompetenz"[1] verweist bereits auf den Blickwinkel, aus dem dieses Buch geschrieben ist: Es geht um Kompetenzentwicklung und konkret um Möglichkeiten interkultureller Kompetenzentwicklung, die sich im Rahmen einer Mediationsausbildung umsetzen lassen. Die theoretische und praktische Arbeit mit diesem Thema führt mir immer wieder vor Augen, dass durch Mediationsausbildung bei den Teilnehmenden ein Prozess der Entwicklung von mediativer Kompetenz angeregt werden kann, über den sie zu Interkultureller Kompetenz gelangen und dass man diesen Prozess konzeptionell gezielt unterstützen und verstärken kann.

Vor inzwischen mehr als 10 Jahren begann ich, mich unter der Überschrift „Mediative Kommunikation" der Theorie und Praxis sowie gezielt Studien- und Ausbildungskonzepten zum Umgang mit Diversität zu widmen. Die bis heute in diesem Zusammenhang zur Verfügung gestellten Konzepte und Veröffentlichungen möchte ich nun um einen interessanten weiteren Teil meiner Untersuchungsergebnisse aus der Beschäftigung mit dem Zusammenhang zwischen Mediation und interkultureller Kompetenz ergänzen.[2]

Der in der Studie qualitativ untersuchten These „Mediation für Interkulturelle Kompetenz" gingen bereits Anfang 2001 die folgenden Beobachtungen voraus: Das Konstrukt Interkulturelle Kompetenz wurde in der sozialen und pädagogischen Arbeit als Schlüsselkompetenz gehandelt und nachgefragt. Unter den Mediationsausbildungsinteressent/inn/en befanden sich auffällig viele Mitarbeitende aus dem sog. interkulturellen Arbeitsbereich. Die Befragung von unter nach die-

---

1 Auf einen anderen Blickwinkel würde bspw. der Titel „Mediation als interkulturelle Kompetenz" hindeuten.
2 Der Kompetenzbegriff deutet in seinen sprachlichen Facetten darauf hin, dass es zum einen um Fachwissen und Sachverständigkeit geht, zum anderen um die Befugnis und Verantwortlichkeit, ggf. eine Autorität, die die intensive Auseinandersetzung mit einem Themenbereich und der Erwerb der entsprechenden Kompetenz mit sich bringt.

sem Kriterium ausgewählten Absolvent/inn/en der Erziehungswissenschaft bestätigte, dass diese mit Hilfe der Mediationsausbildung einen Zuwachs an Kompetenzen empfanden, die sie als für interkulturell beschriebene Aspekte ihrer Tätigkeit in großem Maße hilfreich bewerteten.

In den Fachverbänden für Mediation wurde Ende 2001 verstärkt diskutiert, sich in Form von Projekten an der Ausbildung verschiedener Ansätze zu interkultureller Kompetenzentwicklung zu beteiligen. Zahlreiche Fach- und Forschungsarbeiten widmeten sich innerhalb der letzten 10 Jahre diesem Thema.[3] 2005 ging der von der Centrale für Mediation verliehene Wissenschaftspreis Mediation an Dominik Busch und seine Bearbeitung des Themas „Interkulturelle Mediation. Eine theoretische Grundlegung triadischer Konfliktbearbeitung in interkulturell bedingten Kontexten". Während es Anfang 2001 beispielsweise verschwindend geringe zusammenhängende Resonanz der Suchmaschine Google auf die Begriffe Mediation und Interkulturelle Kompetenz gab, finden sich 10 Jahre später 226 000 Eintragungen[4] – und dies ist nur ein Hinweis auf die Aktualität des Themas. In Fachdiskussionen, der Gremienarbeit und der kollegialen Begegnung fällt mir aktuell immer wieder auf, dass Fragen, die ich meiner ursprünglichen Untersuchung zum Thema Mediation für interkulturelle Kompetenz zugrundelegte, auch heute noch gestellt werden und nach wie vor zu diskutieren sind. Dank des aktuellen Interesses an dem Thema Wirksamkeit von Mediationsausbildungen ergibt sich nun die spannende Gelegenheit, die Ergebnisse der Studie von vor 10 Jahren mit denen von Untersuchungen aus dem laufenden Jahr[5] zu vergleichen.

Die Relevanz des Thema für die aktuelle Diskussion von Diversity-Kompetenz

Heute, im Jahr 2011, wird mehr und mehr von Diversity Management oder Diversity-Kompetenz gesprochen, wo in den Jahren zuvor das Konstrukt „interkulturelle Kompetenz" herangezogen wurde. Wenn „Diversity" dabei die Summe von Gemeinsamkeiten und Unterschieden zwischen Menschen bezeichnet,

---

3 Einen Überblick über den Stand von 2006 gibt die Fachgruppe „Mediation im interkulturellen Kontext" des Bundesverbandes Mediation e.V. in der diesem Thema gewidmete Ausgabe der Fachzeitschrift Spektrum der Mediation No. 24 (Winter 2006).
4 Google-Abruf vom 11.10.2011. Dass diese Zahlen nicht vorrangig auf die bis heute weiter fortgeschrittenen technischen Voraussetzungen zurückzuführen sind, spiegelt die Angebotssituation zum Thema von 2001.
5 wie bspw. Ergebnisse des Forschungsprojektes „Mediationskompetenz" (Veröffentlichungsziel Ende 2011), vgl. Robrecht/Kreuser 2010 –

dann halte ich dies für eine sinnvolle Erweiterung (vgl. Klappenbach 2010, S. 13f). Sie hilft, die Bevorzugung eines erweiterten Kulturbegriffs im Rahmen sozialer, pädagogischer und erziehungswissenschaftlicher Arbeit zu betonen und von kulturstandardisierenden Ansätzen abzugrenzen.

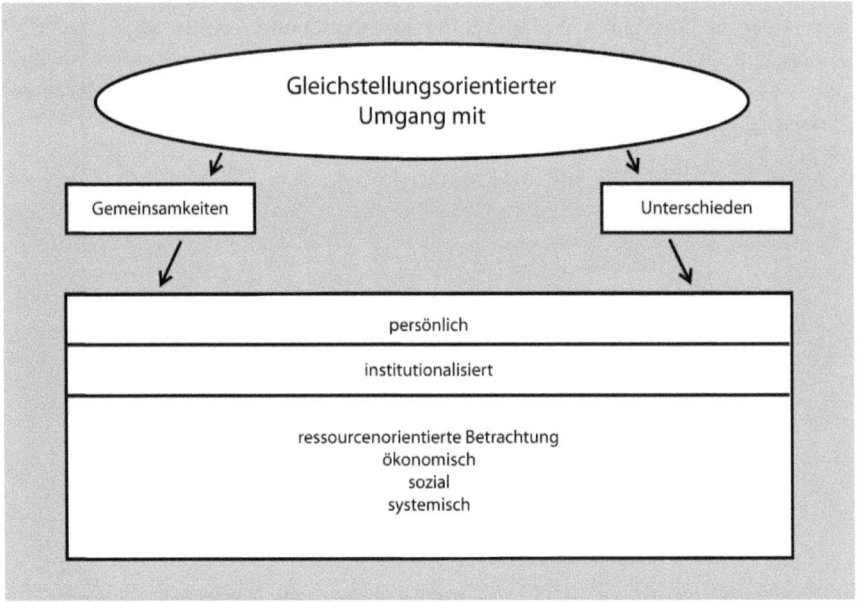

Abb. 1: Zentrale Zielstellung von Diversity-Kompetenz nach Klappenbach 2009b

Im Gegensatz zu „Interkultureller Kompetenz" wird „Diversität" weniger auf Nationalität bezogen. Sie umfasst als sog. ‚primäre Dimensionen' Geschlecht, Alter, Religion/Weltanschauung, ethnische Herkunft, Behinderung bzw. "Ability" (körperliche Un-/Versehrtheit), sexuelle Identität (vgl. AGG §1) und auch die Rolle oder Funktion, die jemand in einer Organisation inne hat. Die gleichrangige Betrachtung von Gemeinsamkeiten und Unterschieden macht es leichter, von pauschalisierenden Einteilungen, Klassifizierungen und vermeintlichen Ableitungen in Bezug auf Verhalten und Sein Abstand zu nehmen. Ein gleichstellungsorientierter Umgang mit Diversität meint, dass sowohl Unterschiede als auch Gemeinsamkeiten wertschätzend statt bewertend betrachtet werden. Diversity-Kompetenz zeigt sich, wo dies ressourcenorientiert gelingt.

Die Relevanz für die aktuelle Diskussion der Vermittlung von Diversity-Kompetenz

Die Entwicklung und Auswahl von Handlungsalternativen im Umgang mit Diversität sind davon abhängig, wie das Phänomen der Diversität an sich bewertet wird. Der in Abbildung 2 dargestellte konzeptionelle Ansatz von Diversity-Kompetenz (Klappenbach 2009b) betrachtet die Bewertungsperspektive als eine durch Kompetenzvermittlung steuerbare ‚Einstellungssache', die sich durch reflektiertes Herangehen entsprechend fördern lässt:

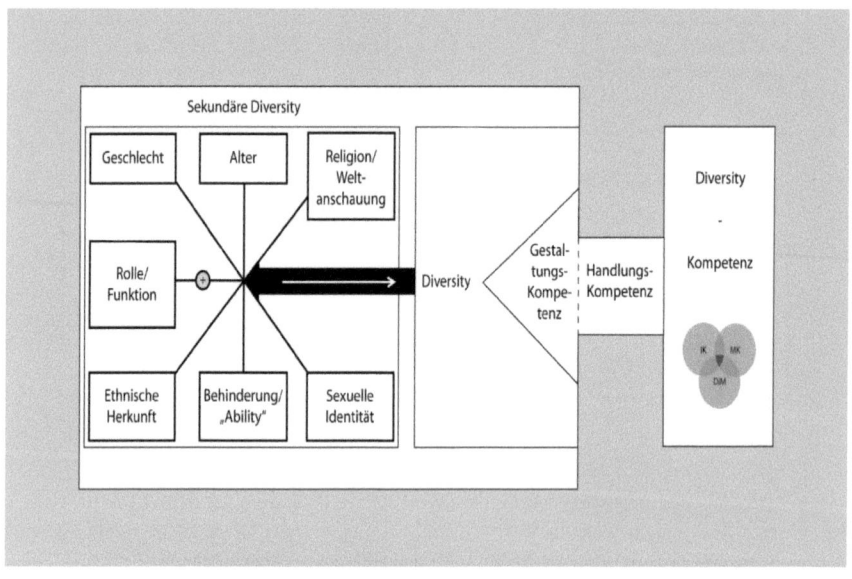

Abb. 2: Wirkungskonzept für Diversity-Kompetenz nach Klappenbach 2009b[6]

Aus dem Bereich der Kompetenzvermittlung herangezogen werden insbesondere Angebote zu Interkultureller Kompetenzentwicklung (IK), strategische Managementkonzepte im Rahmen von Diversity Management (DiM)[7] und das Spek-

---

6 Bzgl. des in diese Abbildung integrierten Diversity-Konzeptes ist auf die Darstellung des politisierten Diversity-Ansatz nach Perko/Czollek (2006, S. 3) zu verweisen.

7 Die v.a. amerikanischen Konzepte zum Diversity Management werden in den letzten Jahren zunehmend auch auf den deutschen Rahmen angewendet. Hierbei zeigt sich allerdings die Herausforderung, dass Deutschland im Vergleich zu anderen Nationen relativ homogen geprägt ist. Für Deutschland erscheint es deshalb besonders wichtig, über Staatsangehörigkeit und Nationalität

trum Mediativer Kompetenzvermittlung (MK) – d.h. Mediative Kommunikation[8] und das Verfahren der Mediation. Zentral ist dabei die Wirkungsweise einer mediativen Hintergrundhaltung als selbst-bewusst, offen, achtvoll und wertschätzend statt bewertend. Die gezielte Suche nach Umgangsformen und Verhaltensweisen begünstigt ein konstruktives, ebenso bewusstes, offenes, achtvolles, wertschätzendes Miteinander. Eine mediative als wörtlich ‚mittelnde' Haltung impliziert, sich als inmitten der Diversität befindend wahrzunehmen und von dort heraus zu agieren, die verschiedenen Beziehungen in Lebens- und Arbeitswelt zu gestalten. Fundierte Handlungskompetenz erleichtert die Umsetzung einer durch Toleranz, Souveränität und Ambiguitätstoleranz geprägten persönlichen und professionellen Haltung in den Alltag. Es vervielfachen sich dadurch Situationen, in denen Diversity-Kompetenz für die jeweils Beteiligten konkret erfahrbar wird (vgl. Abb. 2). Dies trägt bei zur Gestaltung und Etablierung einer auf Gleichstellung statt Gleichmachung ausgerichteten, wertschätzenden statt bewertenden Diversity-Kultur.

Die in diesem Buch zusammengefassten Untersuchungsergebnisse zur Wirksamkeit einer Mediationsausbildung bestätigen: Kompetenzerweiterung zum Umgang mit Diversität als eine klassische Überschneidungssituation[9] liegt im gleichstellungsorientierten Reflektieren und dem allparteilichen Wertschätzen der emotionalen und sozialen Bindung an die jeweilige kulturelle Zugehörigkeit. In der Arbeit mit den Kompetenzentwicklungsmodellen Interkulturelle Kompetenz und Mediative Kompetenz sowie dem strategischen Ansatz des Diversity Management wird deutlich, dass ein solcher Reflexionsprozess nicht angestoßen werden kann, wenn Diversität unter dem Deckmantel politischer Korrektheit und Weltoffenheit von Gleichstellung im Sinne von Gleichmachung nicht thematisiert wird. Gleichmachung zieht Anpassung nach sich. Eine Förderung von Gleichstellung, wie sie seit 2006 für Deutschland im Allgemeinen Gleichstellungsgesetzes (AGG) §1 formuliert ist, beinhaltet eine bewusste Thematisierung von Unterschieden und Unterschiedlichkeit. Grundprinzipien Mediativer Kompetenz verweisen darauf, dass sich aus der Identifikation von Interessen und Bedürfnissen Alternativen zu herkömmlichen Verhaltensweisen ergeben. Modelle Interkultureller Kompetenzentwicklung tragen zur Erkenntnis bei, dass erarbeitete interkulturelle Grundsätze in die jeweilige Lebenswelt zu kommunizieren sind. Ansätze zum Diversity Management betonen hier die Chancen der gesteigerten Wahrnehmung von Diversity, die sich aktuell in Deutschland noch zu ge-

---

hinaus zu denken und weitere Diversitätsdimensionen in den Blick zu nehmen. Hier gibt es meiner Meinung nach in Deutschland mehr als genug zu tun. (Anm. DK)
8   vgl. Kappenbach 2006
9   vgl. Klappenbach 2010, S. 14

ring darstellt[10]. Relevant sind dabei nicht Formen der Charakterfestlegung, sondern erlernbare Reaktionen und Fähigkeiten, wie sie Modelle Interkultureller und Mediativer Kompetenz anzubieten haben. Die in diesem Buch veröffentlichte Betrachtung zu „Mediation für interkulturelle Kompetenz" liefert hier interessantes Material.

Der Aufbau dieses Buches

Der **erste Teil** dieses Buches widmet sich der Umsetzung und Durchführung der Untersuchung. Ein Blick hinter die Kulissen soll Kolleg/inn/en und Interessierte in die Lage versetzen, die Voraussetzungen der Befragung einzuschätzen, damit sie im Sinne ihrer eigenen Zielstellungen entsprechende Schlüsse daraus ziehen. Forschungshypothesen und Fragen sowie das Vorgehen und die Leitfäden der Interviews werden offengelegt.

Im zweiten Teil werden zentrale Ergebnisse der qualitativen Studie zusammengefasst. An dieser Stelle sind Interviewausschnitte und Ergebnisse zusammengestellt, die aufzeigen, inwieweit mediatorische bzw. mediative Kompetenz durch die befragten Agierenden praktischer sozialer und pädagogischer Arbeit als hilfreich und/oder notwendig evaluiert wurde.

Der dritte Teil des Buches widmet sich der Anwendung und Umsetzung der vorab dargestellten Untersuchung. Sowohl der Ansatz der Mediativen Kommunikation[11] als auch das Konzept der integrativen erziehungswissenschaftlichen Mediationsausbildung an der Freien Universität Berlin[12] und das modulare Aus-

---

10   beispielsweise bei deutschen Führungskräften (vgl. Sepehri 2002)
11   Anhand der qualitativen Studie wurde der Ansatz der Mediativen Kommunikation entwickelt. Dabei wurden u.a. die Ergebnisse der qualitativen Interviews mit ausgebildeten Mediator/inn/en, die die in ihrer Mediationsausbildung gewonnenen Kompetenzen in pädagogischen Handlungsfeldern evaluierten, den Ergebnissen aus einer Bedarfsanalyse mithilfe von qualitativen Interviews mit Absolvent/inn/en des Fachbereichs Erziehungswissenschaft und Psychologie an der Freien Universität Berlin gegenübergestellt. In Konsequenz wurde das Vermittlungs- und Kommunikationskonzept Mediative Kommunikation, entwickelt, das speziell für erziehungswissenschaftliche Arbeitsfelder alltägliche Konflikt- und Kommunikationskompetenz mit einer entsprechenden professionellen Haltung kombiniert und trainiert (vgl. Klappenbach 2006/11).
12   vgl. Klappenbach 2009a. Die integrative Mediationsausbildung, wie sie im Bereich Allgemeine Berufliche Vorbereitung (ABV) am Fachbereich Erziehungswissenschaft und Psychologie (Freie Universität Berlin) durchgeführt wird, ist eine der unterschiedlichen Möglichkeiten, diese Kompetenzen zu vermitteln. Es geht dabei nicht primär um eine Ergänzung des Weiterbildungsangebotes in Mediation, wie es von zahlreichen Instituten nach den Standards der Bundesverbände angeboten wird und darum, zu zeigen, dass es über herkömmliche Modelle hinaus auch qualitativ vergleichbare Konzepte im Rahmen bestehender beruflicher Ausbildungen gibt, auch wenn die hier beschriebene Variante ein Beispiel dafür zeigt. Die Erfahrungen aus den

bildungskonzept (vgl. www.diversity-kompetenz.com) des Arbeitsbereichs Mediative Kommunikation[13] beziehen Erfahrungen und Ergebnisse der Studie ein. Um Wiederholungen zu vermeiden, wird der Ansatz Mediative Kommunikation lediglich dort, wo es zum besseren Verständnis der Ausführungen wichtig ist, knapp erläutert und durch wesentliche Hintergrundinformationen ergänzt.[14] Der Schwerpunkt liegt hier auf den die dargestellten Untersuchungsinhalte ergänzenden Erfahrungen mit der integrativen Mediationsausbildung „Modul A: Mediation in pädagogischen Handlungsfeldern"[15]. Zusammengestellt sind insbesondere Optimierungs- und Anwendungsperspektiven, Ergebnisse aus der Begleitforschung und Lehrevaluation.

---

vergangenen Jahren bieten Anlass, um in einem anderen Rahmen ausführlicher erläutert zu werden. Hier werden sie ausgewählt als Anregung zur Umsetzung und Reflexion ähnlicher Angebote an anderen Bereichen angedeutet.

13 Der Arbeitsbereich Mediative Kommunikation war bis Anfang 2011 im Fachbereich Erziehungswissenschaft und Psychologie der Freien Universität Berlin (FU) angegliedert. Seit Anfang 2009 wurde die modulare Ausbildung (Modul A – Mediation, Modul B – Supervision und Coaching, Modul C – Training) in Kooperation mit dem gleichnamigen Arbeitsbereich Mediative Kommunikation im Büro für psychosoziale Prozesse an der Internationalen Akademie für innovative Pädagogik, Psychologie und Ökonomie (INA) der Freien Universität Berlin durchgeführt. Seit Mitte 2011 ist der Arbeitsbereich ganz an der INA angesiedelt. Das modulare Ausbildungsangebot wurde und wird inhaltlich und regional weiter ausgebaut und wird aktuell u.a. in Kooperation mit dem Europäischen Hochschulverbund an 5 Standorten angeboten.

14 In einer Rezension las ich überrascht, er sei ‚als eine Art Ersatz für eine fundierte Ausbildung mediativer Kompetenz' gedacht. Es kann also vermutlich nicht schaden, in zeitlicher Nähe zur Neuauflage von 2011 meine Ausführungen zu den Anliegen hinter dem Konzept zu ergänzen. An dieser Stelle nutze ich die Möglichkeit, mich von einer derartigen Interpretation ausdrücklich abzugrenzen. Dass ich mich seit Jahren mit dem Thema Lehr-Lern-Optimierung (vgl. www.lehr-lern-optimierung.de) intensiv auseinandersetze, spiegelt mein grundsätzliches Anliegen in Bezug auf die Qualität von Ausbildungen wieder. Das Buch ist als Begleitmaterial und Ergänzung zur Verfügung gestellt.

15 Das Modul A wird bis voraussichtlich 2013 (in Gültigkeit der aktuellen Studienordnung) von Mitarbeiter/inne/n des Arbeitsbereichs Mediative Kommunikation am FU-Fachbereich durchgeführt.

1 Das Forschungsdesign

Bei der hier dargestellten qualitativen Untersuchung ging es darum, Erkenntnisse und Ideen zur Wirkung und (insbesondere hochschuldidaktischen) Gestaltung von Mediationsausbildung zu gewinnen. Die dargestellten Ergebnisse beanspruchen weder Vollständigkeit noch allgemeine Gültigkeit. Die Antworten der leitfadengestützt narrativ interviewten Mediator/inn/en beziehen sich auf das von ihnen erfolgreich absolvierte Mediationsausbildungskonzept. Sie verdeutlichen damit mehr oder weniger übereinstimmende subjektive Wahrnehmungen zur Wirksamkeit der Ansätze. Diese kleine Stichprobe ist statistisch nicht signifikant, erscheint aber im Zusammenhang der Forschungsarbeit repräsentativ[16].

Aktuell lassen sich den hier dargestellten Ergebnissen der Untersuchung evaluierende Faktoren entnehmen. Auch weisen sie darauf hin, inwieweit eine Mediationsausbildung zur Entwicklung von interkultureller Kompetenz beitragen kann. Nicht zuletzt findet sich in den dargestellten Aussagen eine Fülle interessanten Materials, die in deren weitere Ausbildungsarbeit im Bereich Mediation und Mediative Kompetenzentwicklung einfließen, reintegriert werden kann.

Um auch Lesenden aus anderen Fachgebieten einen nachvollziehbaren Einblick in das Forschungsdesign zu ermöglichen, werden in diesem Kapitel methodische Einzelheiten zur Inhaltsanalyse ausgeführt.

1.1 Ein Blick aufs Ganze – Der Forschungszusammenhang

Zum besseren Nachvollziehen der Untersuchungsergebnisse gibt die folgende Abbildung einen Überblick über den Forschungsrahmen, in dem die Interviews einzuordnen sind.

---

16 nicht für die Grundgesamtheit, sondern für die hier getroffene Auswahl

Vorbereitung und Konkretisierung des Forschungsvorhabens
Begriffsklärung und Bestandsaufnahme
• Stand der Theoriediskussion • Literatur- und Dokumentenanalyse zum Themenbereich Mediation und Interkulturelle Kompetenz • Überprüfung der Hypothesenbildung • Auswertung von vorhandenen Konzepten und Evaluationen zur Mediation als Methode in der Interkulturellen Arbeit • Auswertung von vorhandenen Konzepten und Evaluationen zur Mediation als Element beruflicher Qualifizierung und Qualitfikation
Bedarfsanalyse
Literaturauswertung zum Bedarf an Mediation und mediatorischen / mediativen Elementen im interkulutrellen Arbeitsbereich
• Auswertung von Untersuchungen zu Ursachen des allgemeinen Bildungsbedarfs • durch Differenz zwischen Anforderung und Fähigkeit • Organisationsberatung • Laufbahnplanung • Weiterbildungsbedarf und -interesse
Qualitative (Expert/inn/en-) Befragung zu (Mediation und mediatorischen/mediativen Elementen in) interkultureller Arbeit und benötigten Kompetenzen in ausgewählten Befragungsgruppen mit Hilfe von Fragebögen und/oder Gesprächsleitfäden auf Grundlage der hermeneutischen Untersuchungsergebnisse zur Bestandsaufnahme und Bedarfsanalyse

Materialien	*Ausgewählte Befragungsgruppen*
	Vertreter/innen aus der Praxis
Fragebögen	• Vertreter/innen des interkulturellen Arbeitsbereichs (Pädagog/inn/en, Psycholog/inn/en, Sozialarbeiter/ innen, Mitar-

	beiter/innen interkultureller Beratungseinrichtungen, Projektmitarbeiter/innen und -leiter/innen im Bereich interkulturelle Kompetenz/-entwicklung)
Fragebögen	• Vertreter/innen aus Mediationsausbildungen
Interviews *(Befragungsgruppe 1)*	• Mediator/inn/en im interkulturellen Arbeitsbereich
Fragebögen	• Vertreter/innen aus Unternehmen
Fragebögen	• Vertreter/innen aus dem Non-Profit-Bereich
Expert/inn/eninterview *(Befragungsgruppe 1)*	• Vertreter/innen aus Fachverbänden
	Vertreter/innen aus Universitäten / Student/inn/en
Fragebögen	• Student/inn/en der Erziehungswissenschaft an der FU Berlin
Pre- und Posttests, Fragebögen, Evaluationsbögen	• Teilnehmer/inn/en an Mediationsseminaren (aus der FU Berlin, der TU Chemnitz sowie Ausbildungsinstituten, die nach den Standards des Bundesverbandes Mediation e.V. arbeiten)
Interviews *(Befragungsgruppe 2)*	• Student/inn/en der Erziehungswissenschaft an der FU Berlin im Abschlusssemester mit dem beruflichen Schwerpunkt Interkulturelle Arbeit / Interkulturelle Kompetenz

Auswertung und Zusammenfassung der bisherigen Ergebnisse (Schwerpunkt: Mediation für interkulturelle Kompetenz)

Zusammenfassung der Ergebnisse unter themenbezogenen Gesichtspunkten (vgl. Forschungshypothesen 1-6)

Vertiefung der Bestandsaufnahme und Bedarfsanalyse zu ausgewählten thematischen Aspekten (Hochschuldidaktik, Komptenzkategorien und

Komptenzvermittlung, Mediation und mediative Kommunikation, Diversität und Diversity-Komptenz – s.u.)
Konzeption des Studienmoduls: Mediation in pädagogischen Handlungsfeldern
Erstellung eines Konzeptes zur berufsqualifizierenden Mediationsausbildung für erziehungswissenschaftliche und insbesondere ausserschulische pädagogischer Arbeit, auch im Kontext des Modularisierungsauftrages für gestufte Studiengänge am Bsp. der FU Berlin
<ul><li>Sachanalyse und Diskussion der formalen Rahmenbedingungen</li><li>Planung und didaktische Entscheidungen</li><li>Entscheidungen über Ziele</li><li>Festlegung von Intentionen und weitere Konkretisierung</li><li>Festlegung von operationalisierten Lernzielen und Zielformulierungen in den verschiedenen Lernbereichen</li><li>Strukturierung und Entscheidung über Methoden und Methodenkonzeption</li><li>Entscheidung über Lernaktivitäten, Phasen und Lernschritte</li><li>Auswahl konkreter Inhalte zur Konzeption</li></ul>
inkl. Formulierung der Erkenntnisse aus den vorangegangenen Analysen: Auswertung von themenrelevanten methodischen Ansätzen und Analysen als Planungsvoraussetzungen
<ul><li>Analysen der individuellen Lernvoraussetzungen</li><li>Didaktische Voraussetzungen</li><li>Analyse der organisatorischen Voraussetzungen</li><li>Ökonomische Überlegungen</li><li>Organisierbarkeit und umsetzungspraktische Überlegungen</li></ul>
Formulierung des Rahmenkonzeptes und Integration des Modul A als Bestandteil der Studienordnung des Bachelor „Erziehung, Bildung und Qualitätssicherung" (Kernfach Erziehungswissenschaft) an der Freien Universität Berlin

Erprobung und Weiterentwicklung von Mediativer Kommunikation als Vermittlungsansatz
Zusammenfassung und Erweiterung der bisherigen Ergebnisse
Erprobung in erziehungswissenschaftlichen Seminaren zum Thema „Mediative Kommunkation als integrativer Prozess" (Diplomstudiengang Erziehungswissenschaft, Hauptstudium)

Auswertung und Zusammenfassung der Ergebnisse zum Thema „Mediative Kommunikation" (vgl. unveröffentlichte Seminarskripte FU Berlin, Klappenbach 2005 und Veröffentlichung „Mediative Kommunikation" als anwendungsorientiertes Grundlagen- und Seminarbegleitbuch 2006)

Umsetzung u.a. in der integrativen Mediationsausbildung Modul A „Mediation in pädagogischen Handlungsfeldern" (FU Berlin, pro Jahr i.d.R. drei Gruppen mit je 2 Semestern à 4 SWS) **mit Begleitforschung seit 2005**
• Optimierung und Vervollständigung des Ausbildungskonzeptes Modul A „Mediation in pädagogischen Handlungsfeldern" mit „Mediative Kommunikation" als unterstützendem Lern- und Vermittlungsansatz
• Begleitforschung zur Weiterentwicklung der Ausbildung
• Begleitforschung zum Thema Mediation und interkulturelle Kompetenz
• Begleitforschung zu Diversität und zur Vermittlung von Diversity-Kompetenz

Materialien	*Ausgewählte Befragungsgruppen*
Pre- und Posttests, Fragebögen/ Portfoliofazits nach jedem Semester, Evaluationsbögen	Seminarteilnehmer/inn/en (Student/inn/en im Bachelor Erziehungswissenschaft und Kontrollgruppe)
Pre- und Posttests, Fragebögen, Evaluationsbögen	Teilnehmer/innen an Informationsveranstaltungen und Seminaren mit Gastbeiträgen zum Thema Mediative Kommunikation

Jährliche Zusammenfassung, Analyse und Erweiterung der Ergebnisse während der Begleitforschung (2005-2010) zur Optimierung und Erweiterung des Konzepts (vgl. Klappenbach 2009a) **und Weiterführung der Forschung zum Thema Diversity-Kompetenz**
• Auswertung und Zusammenfassung der Ergebnisse zu den einzelnen Fragestellungen (u.a. Grounded Theory, Max QDA2)
• Auswertung und Zusammenfassung der Ergebnisse der Pre- und Posttests

- Analyse und Einbezug der fachbereichsinternen Lehrevaluation zu den einzelnen Seminaren
- Optimierung und Erweiterung des modularen Ausbildungsangebotes im Arbeitsbereich Mediative Kommunikation (Modul A – Mediation, Modul B – Supervision und Coaching, Modul C – Training) inkl. Analyse der Qualitätsstandards im Ausbildungsbereich (vgl. www.diversity-kompetenz.com)

Zusammenfassung der Ergebnisse zu den Themen Lehr-Lern-Optimierung und Diversity-Kompetenz (vgl. Klappenbach 2009b, 2010)
Veröffentlichung inkl. Ergebniszusammenfassung der Analyse zur universitären Vermittlungssituation in Klappenbach 2009b (vgl. ebd., S. 88):

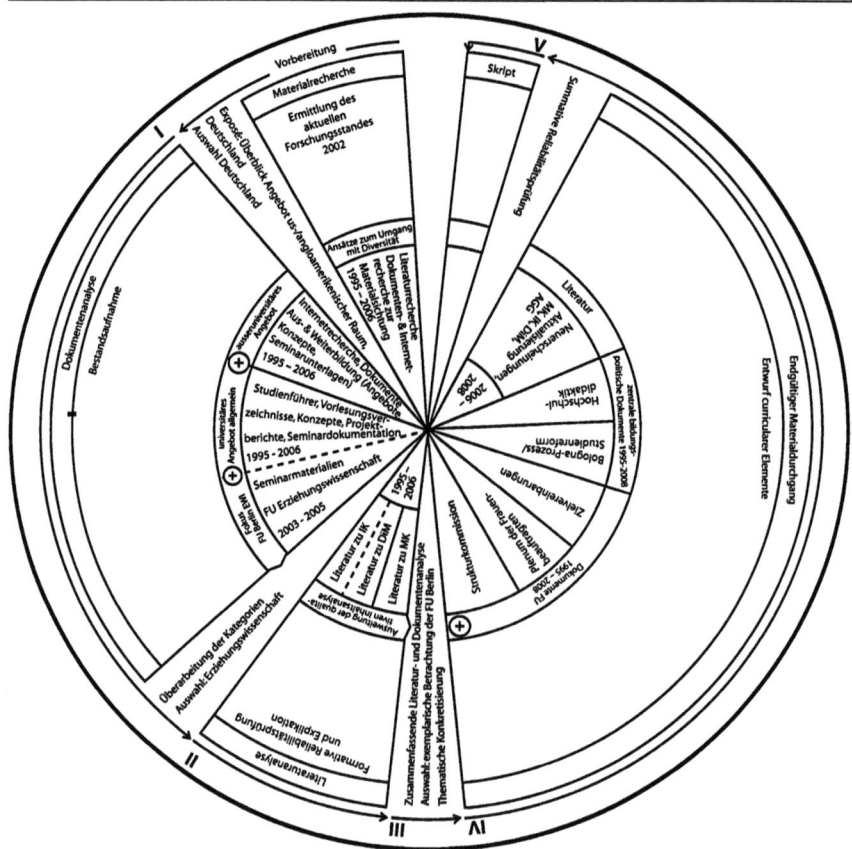

Abb. 3: Darstellung des einbezogenen Materialkorpus im Kreisdiagramm (Klappenbach 2009, S.88)

> **Zusammenfassung der noch unveröffentlichten und aktuell als relevant bewerteten Ergebnisse zum Thema Mediation für interkulturelle Kompetenz und Auswahl der Inhalte für das vorliegende Buch**

Ursprüngliches Ziel der Datenerhebung mithilfe der im folgenden fokussierten qualitativen Interviews war (zusammenfassend dargestellt), zu untersuchen, inwieweit Mediation für interkulturelle Kompetenz zu nutzen ist, inwieweit eine Ausbildung in Mediation eine Erweiterung der Interkulturellen Kompetenz darstellt und inwieweit zusätzlich zu einem erziehungswissenschaftlichen Studium mediative Elemente zur Kompetenzerweiterung gefragt sind.[17]

Weiterhin zu berücksichtigen waren negative Prognosen in Bezug auf die Bachelor-Abschlüsse und die berufliche Perspektive von Erziehungswissenschaftler/inn/en (Diplom, Bachelor und Master) im Vergleich mit der von Absolvierenden weiterer sozialer und pädagogischer Studiengänge und Ausbildungen. Die Analyse der Vermittlungssituation zeigte einen deutlichen Bedarf an zusätzlichen Inhalten im Bereich von Konfliktmanagement und Verhandlungskompetenz als zwei von Akteur/inn/en erziehungswissenschaftlicher, pädagogischer und sozialer Arbeit als zunehmend wichtiger werdend bewertete Kompetenzkategorien. Die Frage nach hilfreichen Elementen führte immer wieder zu Methoden und theoretischen Ansätzen, die derzeit in Mediationsausbildungen vermittelt wurden. Es waren die Jahre des sog. „Mediationsbooms" und ist insofern aus heutiger Sicht nicht verwunderlich.

Um die starke Nachfrage an Mediationsausbildung zu erklären, gibt es verschiedene Ansätze. Die Egebnisse der o.g. Untersuchungen legen es nahe, v.a. die für Mediation und Mediationsausbildungen kennzeichnende Betonung der Bedarfs- und Ressourcenorientierung heranzuziehen. Diese findet sich sowohl in den Inhalten (die Alternativen zu ggf. traditionell defizitorientierten Herangehensweisen vermitteln) als auch in den Ausbildungsangeboten entsprechend wieder. Für die pädagogische und soziale Arbeit wie für andere berufliche Felder auch zeigt(e) sich: Mediationsausbildungen können damals wie heute einen nicht geringen Teil des aktuellen Bedarfs an Zusatzkompetenzen decken. Ca. 80% der

---

17 Diese Zielstellung ergab sich im Zusammenhang mit der anstehenden Modularisierung der erziehungswissenschaftlichen Studiengänge an der Freien Universität Berlin. Ich führte dort am Fachbereich Psychologie und Erziehungswissenschaft eine Bedarfsanalyse durch, befragte Studierende, Absolvent/inn/en kurz vor und nach ihrem Abschluss sowie solche, die bereits im Beruf praktisch tätig waren. Es wurden dabei sowohl die herkömmlichen Studieninhalte als auch Anforderungssituationen für die Absolvent/inn/en untersucht. Die Reformanliegen im Rahmen des Bologna-Prozesses und der Umstrukturierungen an der Freien Universität (FU) Berlin und insbesondere am Fachbereich Erziehungswissenschaft und Psychologie wurden ebenfalls einbezogen.Eine Zusammenfassung findet sich in Klappenbach 2009a, S. 13ff; S. 373ff.

von mir in einem anderen Zusammenhang befragten Teilnehmenden an Weiterbildungsinstituten machten eine Mediationsausbildung als Kompetenzerweiterung, die sie für ihren herkömmlichen Beruf als notwendig erfuhren – nicht, um dann als Mediator/inn/en zu arbeiten.[18] Auch heute noch berichten Teilnehmende auf die Frage, wodurch sie sich mithilfe der Mediations- (und Coachingausbildung mit dem Schwerpunkt Mediative Kommunikation) bereichert fühlen wollen, dass sie v.a. an zusätzlichem Handwerkszeug für ihren Beruf und ihr Privatleben interessiert sind.

Absolvent/inn/en der Erziehungswissenschaft berichteten bereits zu Beginn der Studie sowohl aus der Praxis als auch aus der Wissenschaft und Forschung vielfach von dem Druck, der u.a. dadurch entsteht, dem Anspruch gerecht zu werden, als Verantwortliche für Menschen oder Konzepte Entscheidungen für „das Richtige", im Sinne von förderlich, sozial erwünscht, effektiv usw. zu treffen. Ein weiteres als wesentlich reflektiertes Thema war der Umgang mit (v.a. der eigenen) Autorität.[19]

Die hier dargestellten Untersuchungsergebnisse wurden mit denen aus anderen Befragungen verglichen und für die Konzeptionen (Ansatz Mediative Kommunikation und Integrative Mediationsausbildung) verwendet. So interessant sie auch waren, der Aufbau des Arbeitsbereichs Mediative Kommunikation an der FU Berlin nahm so viel Zeit in Anspruch, dass die Texte zur Interviewauswertung bis jetzt unveröffentlicht liegen blieben. Die am hilfreichsten evaluierten Methoden (nicht aus der Mediation, sondern) aus Mediationsausbildungen (dies ist ein wesentlicher Unterschied) wurden mit weiteren wesentlichen Kompetenzentwicklungselementen und Methoden verknüpft und unter der Zielstellung, den Bedarf der Erziehungswissenschaftstudierenden dadurch zu decken, in dem entsprechend benannten Vermittlungsansatz „Mediative Kommunikation" (vgl. Klappenbach 2006/2011 – ein Begleitbuch zum Seminar) zusammengestellt.

Die Rückmeldungen über den Erfolg der integrativen Mediationsausbildung bestätigen die Aktualität des Kompetenzentwicklungsbedarfs für die Erziehungswissenschaft. Mediation ist heute nicht eine Methode, die ‚eben gerade boomt', sondern hat sich erfolgreich etabliert. Mit dem aktuellen Entwurf für das Mediationsgesetz sind darüber hinaus Erweiterungen der beruflichen Perspektiven für Mediator/inn/en zu erwarten[20]. Dies zeigt sich aktuell auch in der verstärkten Nachfrage an entsprechenden Qualifikationsangeboten.

---

18 Die Fragestellung lässt sich hier vereinfacht als: ‚Wozu machen Sie Ihre Mediationsausbildung, wenn Sie sich mit erfolgreichem Abschluss nicht als MediatorIn auf den Markt stellen wollen?' formulieren.
19 Hier fand sich eine Parallele zu Ergebnissen aus Befragungen von Führungskräften und im Personalmanagement Tätigen, die ich kurz zuvor durchgeführt hatte.
20 Vgl. hierzu: Spektrum der Mediation 4/2010.

1.2 Die Forschungshypothesen „Mediation und interkulturelle Kompetenz"

Zu Beginn der qualitativen Untersuchung zum Thema Mediation und interkulturelle Kompetenz wurden die folgenden Forschungshypothesen erhoben:

1.	Mediation ist nicht nur eine sinnvolle, sondern auch eine gefragte Methode im interkulturellen Arbeitsfeld. Das gesellschaftliche und persönliche Interesse an kulturellen Zusammenhängen und Unterschieden im beruflichen Kontext nimmt zu. Mediative interkulturelle Kompetenz wird so zu einer Schlüsselkompetenz im pädagogischen Arbeitsfeld.
2.	Eine Erweiterung der interkulturellen Kompetenz durch Mediation stärkt die Ambiguitätstoleranz, trägt bei zur Förderung von Toleranz und Souveränität im Umgang mit schwierigen und in konfliktreichen Situationen.
3.	Es gibt einen Bedarf/ein Interesse nach beruflicher Qualifizierung für interkulturelle Mediation, der durch die bisher bestehenden Angebote in Deutschland nicht ausreichend gedeckt ist. Die Differenz zwischen beruflichen Anforderungen und vorhandener Kompetenz kann durch ein Qualifizierungsangebot verkleinert werden.
4.	In den bestehenden Angeboten zur Mediationsausbildung kommt die interkulturelle Kompetenz zu kurz, wenn dieser Begriff nicht auf interkulturelle Kommunikation begrenzt wird, sondern berücksichtigt, dass auch Alltag, Denkprozesse und Empfindungen in Abhängigkeit zur jeweiligen Kultur[21] bestehen und in Interkulturelle Kompetenz mit einbezogen sind. Gemessen an der Nachfrage nach beruflicher Qualifizierung für Mediation im interkulturellen Arbeitsbereich gibt es zu wenig Angebote.
5.	Es ist sinnvoll, Mediation als interkulturelle Kompetenz im universitären Rahmen zu vermitteln, da Synergie-Effekte und vorhandene Ressourcen genutzt werden können und ein Austausch zwischen Praxis und Forschung gefördert wird.
6.	Ergebnisse aus der internationalen Friedensforschung können auch für ein Curriculum für Kompetenz in der interkulturellen Arbeit genutzt werden.

---

21 Medium der hier beschriebenen Forschung ist die Sprache. Als solche ist sie Veränderungen unterlegen. Gemeint ist der Begriff „Kultur" im erweiterten Sinne der personenimmanenten Diversitätsdimensionen.

Als Ergebnis aus dem Prozess der Reflexion bzgl. der Subjektivität der Forscherin[22] lässt sich an dieser Stelle anmerken, dass diese Forschungshypothesen in einer Haltung der Offenheit für folgende Möglichkeiten formuliert wurden:
a) Es ist generell möglich, interkulturelle Konflikte mit Hilfe der Mediation zu bearbeiten. Und b) Es ist möglich, die hierfür nötige mediative Kompetenz über einen Ausbildungsgang zu vermitteln.

1.3 Die Befragungsgruppen (im Rahmen der leitfadengestützten narrativen Interviews)

Es wurden im Jahr 2002 insgesamt 8 Einzelinterviews je einmalig durchgeführt. Es lassen sich 2 Befragungsgruppen unterteilen:

Befragungsgruppe 1 bestand aus der Stichprobe von Mediator/inn/en im interkulturellen Arbeitsbereich zur Bedarfsanalyse „Mediation für Interkulturelle Kompetenz" und zur Evaluation der Wirksamkeit einer Ausbildung in Mediation bzw. der Kompetenzerweiterung durch eine Mediationsausbildung, wie es der exemplarische Ansatz des Ausbildungsinstitutes umsetzen konnte. Ergänzt wurden diese Interviews durch ein Expert/inn/eninterview mit der Ausbildungsleitung. Hierfür wurde der o.g. spezifisch ergänzte Leitfaden genutzt. Den gemeinsamen Gesprächsanlass bildeten als soziale Situation die Mediationsausbildung sowie die Wahrnehmung von Diversität bzw. einem Bedarf an interkultureller Kompetenz im beruflichen Alltag. Die Ergebnisse aus der Befragung dieser Gruppe sind im folgenden Verlauf des Buches zusammengefasst.

Als zweite Befragungsgruppe wurden Interviews mit Erziehungswissenschaftler/inn/en mit Interkulturellem Schwerpunkt durchgeführt. Wesentliche Ergebnisse wurden wie beschrieben bei der Konzeption des integrativen Ausbildungskonzeptes vor allem mit Blick auf die Modularisierung einbezogen. Sie sind aktuell, nach Umsetzung der Hochschulreform, für die Themenstellung „Mediation und interkulturelle Kompetenz" nachrangig relevant. Der Vergleich, der sich zur Befragungsgruppe 1, den Mediator/inn/en aus dem Interkulturellen Arbeitsbereich ermöglicht, bietet interessante inhaltliche Aussagen für die Bearbeitung in einem weiteren Rahmen.

Alle durchgeführten Interviews dauerten jeweils zwischen 120 und 150 Minuten. Sie fanden in den Räumlichkeiten der Befragten, in Räumen der Freien Universität Berlin oder in einem Besprechungsraum statt. Die Interviews wurden mit Einverständnis der Befragten auf Tonband aufgenommen und anschließend

---

22 vgl. hierzu bspw. Steinke, I. (2007). Gütekriterien qualitativer Forschung. In: Flick 2007, S. 319-331.

wörtlich transkribiert. Die Transkripte haben einen Umfang von 11 bis 30 Seiten und werden im Archiv des Arbeitsbereichs Mediative Kommunikation im Büro für psychosoziale Prozesse der Internationalen Akademie (INA) an der FU Berlin aufbewahrt.

Die Ausführungen in diesem Buch nehmen die Befragungsgruppe 1 in den Blick: die Interviews mit Mediator/inn/en im interkulturellen Arbeitsbereich.

1.4 Die Befragung der Mediator/inn/en

Für die Befragung galt es, eine Erhebungsmethode auszuwählen, die qualitativ und zugleich hypothesentestend und hypothesengenerierend sein konnte. Die Forschungsfragen sollten in den Antworten gezielt berücksichtigt werden. Ergebnisse zum Thema Wirksamkeit von Mediationsausbildungen sollten die Interviewpartner/innen explorativ und frei, narrativ beitragen können. Leitfadengestützte narrative Interviews erschienen hier geeignet. Ein großer Anteil an offenen Fragen sollte den Beitrag der Erzählenden groß halten, aber dennoch zur Sicherung themenrelevanter Ergebnisse leiten.

Durch die offenen Fragen wurde den Interviewten ermöglicht, ihre subjektiven Deutungen darzustellen und sie als „Expert/inn/en für ihre eigenen Deutungsgehalte"[23] zu Wort kommen zu lassen, die „Deutung, Sichtweisen und Einstellungen der Befragten selbst"[24] zu erfassen. Zu Beginn des Interviews wurden zur besseren Reflexion der nachfolgenden Erzählinhalte Fragen zur Person gestellt. Die Interviewpartner/innen wurden aufgefordert, die jeweilige persönliche Haltung auf Basis der eigenen sozio-kulturellen Hintergründe zu beschreiben (sozio-kulturelle Prägung/Biographisches, persönliche Beweggründe für die Ausbildung in Mediation etc.). Nach Beendigung des Hauptteils des Interviews wurde ein Abschnitt mit geschlossenen Fragen bzw. der Bitte um Kommentare zu den einzelnen Forschungshypothesen angefügt.

1.5 Der Interviewleitfaden zur Befragung der Mediator/inn/en

Befragung zur Evaluation von Mediationsausbildungen

Zielfrage: Welche berufliche und persönliche Kompetenzerweiterung bewirkt eine solche Mediationsausbildung? Wie wirkt eine solche Ausbildung? Was

---

23 Mayring 1996, S. 49
24 Hopf 1979, S. 14/15; zitiert nach Mayring 1996, S. 30

ist eine mediative Haltung? Welche Elemente gehören zu einer mediativen Haltung?
Fragen zur Person
1.) Fragen zur forschungsbezogenen „Einschätzung" der Person (Alter, Beruf, Arbeitssituation, relevant Biographisches, ...)   2.) Fragen zur Ausbildung in Mediation (Wo? Wann? Wie kam es dazu?)
Fragen zur Ausbildung
3.) Was hat Ihnen/Dir die Mediationsausbildung gebracht?   4.) Was hat sich bei Ihnen/Dir durch die Ausbildung verändert?   5.) Was ist Ihrer/Deiner Meinung nach eine „mediative Haltung"?   6.) Welche Elemente gehören Ihrer/Deiner Meinung nach zu einer „mediativen Haltung"?
Zur Mediation allgemein
7.) Wie definieren Sie/definierst Du Mediation?   8.) Welche Kompetenzen braucht ein/e MediatorIn?
Zum Abschluss
9.) Zielfragen dieses Interviews waren zum einen die nach der mediativen Haltung, die ich Ihnen/Dir schon gestellt habe. Zum anderen die, welche berufliche und persönliche Kompetenzerweiterung eine solche Ausbildung in Mediation bewirkt. Hast Du dazu noch etwas Spezielles anzumerken?

Nach Abschluss des Interviews wurde durch einen Hypothesentest ergänzt:

Forschungshypothesentest (Umsetzungsbeispiel aus Interview 2)
Das eigentliche Interview ist hier beendet. Im Anschluss noch eine Bitte: Ich habe hier noch Forschungshypothesen, die ich für diese Arbeit aufgestellt habe. Also es ist neutral: Die können sich jetzt bestätigen oder nicht bestätigen. Und ich würde die einfach gern vorlesen und Dich fragen, ob Du diesen Hypothesen zustimmst oder nicht. Und wenn Dir noch einfällt: Warum oder warum nicht.

Die konkrete Formulierung und Reihenfolge der Leitfragen variierte auf Grundlage des individuellen Gespräches. Die Formulierung des Leitfadens erfolgte auf Basis einer hermeneutischen Untersuchung zur Bestandsaufnahme und Bedarfsanalyse (vgl. Klappenbach 2009a). Zum Zeitpunkt der Untersuchung war der

Begriff „Diversität" im Anwendungsrahmen noch nicht gebräuchlich. Daher wurde in den Leitfäden „Interkultur(elle Kompetenz)" im Sinne eines erweiterten Kulturbegriffs verwendet. Die konkreten Aussagen in den Interviews enthalten allerdings genügend Material für die begriffliche und inhaltlich angemessene Verwendung der Begriffe Diversität und Diversity-Kompetenz. Diversität umfasst dabei in Erweiterung des Kulturbegriffes Gemeinsamkeiten und Unterschiede (vgl. Sepehri 2002). Der Begriff wird hier herangezogen, „wenn es um das Phänomen der Heterogenität personenbezogener und/oder verhaltensimmanenter Art an sich, unabhängig von der Tradition im Umgang damit und entsprechenden Bewertung, geht (Klappenbach 2009a, S. 10).

Es existieren mindestens genauso viele Ansätze zum Thema Interkulturelle Kompetenz wie zum Thema Mediation. Die Interviewleitfäden sind daher so gehalten, dass zuerst die persönliche Perspektive der interviewten Person näher erläutert wird. Gefragt wird nach ihrer individuellen Definitionen von Mediation, von Interkultureller Kompetenz und dem konkrete Arbeitsbereich, in dem sie tätig ist.[25]

1.6 Der Leitfaden für das Expert/inn/eninterview

Thema: „Mediation für Interkulturelle Kompetenz – Ein Konzept zur beruflichen Qualifikation".

Zielfragen dieses Interviews: Welche beruflichen und persönlichen Kompetenzen bewirken eine solche Ausbildung in Mediation? Was ist und welche Elemente gehören zu einer mediativen Haltung?

Zur Person: Alter, Beruf, Studium, Arbeitssituation, von Interviewpartner/in als relevant für dieses Interview Erachtetes

Würdest Du sagen: Du arbeitest auch interkulturell? In der Mediation?

Wie bist Du darauf gekommen, dass Du eine Mediations-Ausbildung machst?

Kannst Du sagen, wie diese Ausbildung ungefähr aufgebaut war? Also was für Elemente da drin waren? Wie lang die war?

---

25 Die Fragebögen wurden entsprechend der ‚Kommunikationskultur', die sich bis heute im Bundesverband Mediation findet, im sog. ‚Arbeits-Du' formuliert.

Jetzt hast Du ja selbst eine mit konzipiert oder konzipiert zu wesentlichen Teilen. Was hat Dich dazu gebracht, genau die Elemente, die da drin sind, hereinzunehmen?

Würdest Du sagen, dass Mediation ein Element für interkulturelle Kompetenz ist?

Zur Mediativen Haltung – weil ich diese Haltung irgendwie betiteln möchte: Welche Elemente, denkst Du, gehören denn noch zu dieser Haltung?

Und denkst Du, dass wenn Jemand eine Mediations-Ausbildung hat, also diese Haltung auch schon mal eingeübt hat, dass er dann im Arbeitsalltag das so anwenden kann, auch wenn dieses Setting nicht gegeben ist?

speziell mit Focus: interkulturelle Arbeitsbereiche, außerschulisch: soweit es auch möglich ist. Was würdest Du für diese mediative Haltung in diesem Kontext denn vermitteln?

In welcher Form, denkst Du, kann man es vermitteln?

In Bezug auf Rollenspiel: Was hast Du da für Erfahrungen mit gemacht? (in der Ausbildungsarbeit und in der eigenen Ausbildung) Hattest Du das Gefühl, du warst jetzt durch diese Rollenspiele dann für die Realität als Mediatorin oder in der Arbeit gewappnet? Was hättest Du noch gebraucht?

Kannst Du noch mal zur Mediation sagen, wie Du Mediation definierst?

Nochmal zu Deiner eigenen Mediations-Ausbildung. Was denkst Du, hat sie Dir gebraucht?

Und wenn Du jetzt die von Dir Ausgebildeten betrachtest, kannst Du da sagen, (-) beobachtest Du, dass sich da was verändert bei diesen Leuten? Und wenn ja, was?

Wie viele, also Du kannst ja nur schätzen: Wie viele Leute arbeiten danach als Mediatoren oder Mediatorinnen konkret? Und wie viele machen das so, wie Du eben sagtest, eben nicht so konkret, sie müssen den Eindruck mit einarbeiten?

Was für Veränderungen bringt diese Ausbildung wieder mit diesem Focus interkulturelle Arbeit?

Wodurch- oder was macht das (konkret)?

So eine Zusatzqualifikation Mediation für Interkulturelle Kompetenz, denkst Du, das ist möglich, im universitären Rahmen so eine Qualifikation durchzuführen, zu erwerben?

Was denkst Du: Glaubst Du, dass es schon genug Angebote gibt für Mediation, jetzt mit Bezug auch auf diesen interkulturellen Kontext?

(Und wie bist Du) jetzt darauf gekommen, diese Fortbildung/ diesen Schwerpunkt anzubieten?

Und was denkst Du denn, zählt noch zur interkulturellen Kompetenz? Wir hatten vorhin schon Mediation abgegrast – Was ist denn noch was, was man im interkulturellen Feld kann und noch unbedingt brauchen würde? Also was denkst Du, sollte ich zum Beispiel jetzt mit reinnehmen in so einen Studiengang, der eben so einen Schwerpunkt hat, außer jetzt die Mediations-Kompetenzen?

Dann beschreib doch noch mal den idealen Mediator oder meinetwegen auch die ideale Mediatorin im interkulturellen Arbeitsbereich.

Welche Techniken? Aus welchen Gebieten?

Dann noch mal zum Abschluss so eine Insgesamt-Frage: Zielfragen dieses Interviews waren zum Einen die Frage nach der mediativen Haltung, die ich Dir schon gestellt habe. Und zum Anderen die, welche berufliche und persönliche Kompetenzerweiterung eine solche Ausbildung in Mediation bewirkt? Hast Du dazu noch etwas Spezielles anzumerken, was jetzt noch nicht dabei war?

Es gibt ja etliche Ausbildungen in Mediation. Weite Bandbreite. Ich denke mal, Du hast auch viel Einblick in die verschiedenen Formen und Arten. Was denkst Du denn, sind diese Kernpunkte, das Gemeinsame?

Kannst du Dir vorstellen, dass der Bundesverband, (-) bist Du noch in der Anerkennungskommission?- eine universitätsgeführte Ausbildung anerkennen würde, wenn die den Standards entspricht?

Was hältst Du von der Idee, dass Mediation mehr Anerkennung als Beruf erhält? (... *Also heißt das, dass Du denkst, dass wenn es so weiter offen bleibt, nicht als fest geschriebener Beruf, dass man dann das mehr streuen kann in die verschiedenen außerjuristischen Bereiche und dass der Gewinn höher ist?*)

Hypothesen

Jetzt hab ich hier noch Forschungshypothesen. Das Interview ist ja schon vorbei. Da denke ich, kann ich Dir das einfach so vorlegen. Da geht es darum, dass ich diese Hypothesen in meiner Arbeit untersuche. Also ob sie jetzt zustimmen oder nicht zustimmen. Ich würde Dich einfach bitten, die mal vorzulesen pro Punkt und dann einfach zu sagen, was Du davon hältst. Und das auch zu begründen.

1.7 Die Stichprobe

Es wurde die Stichprobe von 4 Mediator/inn/en untersucht. Alle wurden im Rahmen von drei unterschiedlichen, aber auf Grundlage eines sich gleichenden Konzeptes durchgeführten, Ausbildungsgängen eines renommierten Berliner Mediationsausbildungsinstitutes (BM e.V.) als Mediator/inn/en zertifiziert.

Vervollständigt wurden diese Interviews durch ein stellvertretendes Expert/inn/eninterview mit einer Person aus der Ausbildungsleitung. Die Größe der Stichprobe wurde auf 4 + 1 Personen begrenzt, um genügend Daten für eine qualitative Auswertung zu erhalten und zugleich das Datenmaterial in einem Rahmen zu halten, der in der Komplexität der Gesamtstudie dennoch überschaubar bleibt. Wie anhand dieser Beschreibung ersichtlich, handelt es sich also um exemplarische Daten.

Die Zielgruppe der ausgebildeten Mediator/inn/en bildet eine Stichprobe des sog. „freien Marktes" der Aus- und Weiterbildung. Die Interviewpartner/inn/en sind bewusst aus einem Ausbildungsinstitut gewählt, damit Ausbildungsart und Hintergrund, Definition von Mediation, Einfluss von Trainer/inn/enpersonen etc. möglichst vergleichbar sind.

Wesentliches Argument zur Auswahl des Bundesverbandes Mediation e.V. (BM e.V.) war, dass er als grundständiger und ‚erster' Mediationsfachverband bis heute alle Berufsgruppen umfasst (vgl. www.bmev.de). Hinsichtlich der Weiterentwicklung mediatorischen und mediativen Konfliktmanagements bietet er in Bezug auf Interdisziplinarität und kollegialen Austausch ein günstiges Umfeld. Das ausgewählte Institut kennzeichnet jahrelange Erfahrung in der Arbeit mit den Richtlinien des BM e.V. Alle Trainer/inn/en waren vom Bundesverband anerkannte Ausbilder/inn/en – die Anerkennung setzt die Erfüllung konkreter fachlicher Kriterien voraus. (vgl. www.bmev.de)

Ein weiteres Auswahlkriterium war, dass allen Befragten eine Ausbildung zugrunde liegt, die sich mit Themen und fachspezifischen Inhalten auseinandersetzt, die für den Bereich sozialer und pädagogischer Arbeit (Erziehungswissenschaft) relevant sind. Gleichzeitig sollten im Hinblick auf Optimierungsideen und die Möglichkeit einer Verwendung im weiteren Rahmen Interdisziplinarität, Heterogenität bzw. Diversität gegeben sein.

Die Auswahlkriterien für die Stichprobe der Befragungsgruppe Mediator/inn/en im interkulturellen Arbeitsbereich waren wie folgt festgelegt.

Die Personen sollten:
• Ausbildungsabsolvent/inn/en mit Mediationszertifikat über mindestens 200 Stunden nach den Standards des BM e.V. sein
• in einem ausgewählten Institut ausgebildete Mediator/inn/en sein, das ausreichend Einblick in Konzepte und Ausbildungsablauf gewährt, um die retrospektive Evaluation im Hinblick auf die Bewertung der Mediationsausbildung durch die Zielgruppe zu ermöglichen
• im interkulturellen Arbeitsbereich tätig sein, bzw. in ihrer praktischen Tätigkeit Erfahrungen mit interkulturellen Begegnungen machen und so Mediation und mediatorische/mediative Elemente im interkulturellen (Arbeits-) Alltag einsetzen und bewerten können
• die Mediationsausbildung vor mindestens einem Jahr abgeschlossen haben
• aus dem sozialen, pädagogischen oder erziehungswissenschaftlichen Bereich kommen
und in der Gesamtbetrachtung:
• eine Repräsentanz diverser erziehungswissenschaftlicher Tätigkeitsfelder bzw. -kontexte aufweisen
Im Hinblick auf die Verwendung des Materials für die Themenstellung Diversity-Kompetenz in Deutschland lässt sich hier als ein weiteres Kriterium ergänzen, dass die Personen idealerweise:
• möglichst ein Verständnis des Bedarfs von Diversity-Kompetenz und persönliche Erfahrungen in diesem Zusammenhang aufweisen

Die folgende Tabelle zeigt, inwieweit die befragten Personen diesen Kriterien gerecht werden sowie deren Zuordnung zum jeweiligen Ausbildungsdurchgang.

Kriterien	Person	Zertifikat	Ausbildungs-institut	Tätigkeit	Beruflicher Hintergrund	Gruppe[26]
Entsprechung	M1	X	X	Soziale Arbeit mit Behinderten	X	A
	M2	X	X	Schule (Kinder- und Jugendliche)	X	B
	M3	X	X	Jugend (Street work)	X	A
	M4	X	X	Kirche (Interreligiöser Dialog)	X	C

Zusammenfassen lässt sich hier: Alle Befragten teilen miteinander, dass sie in demselben Ausbildungsinstitut qualifiziert wurden und im sozialen Bereich interkulturell arbeiten. Ihre Ausbildungsabschlüsse und die konkrete Tätigkeit sind dabei unterschiedlicher Art. Die Heterogenität der Befragten ermöglicht den konkreten Bezug vom Verständnis interkultureller Kompetenz auf unterschiedliche Arbeitsbereiche von Erziehungswissenschaftler/inn/en.

Die Heterogenität der Befragten bezüglich ihres beruflichen Hintergrunds und des Alters diente der Verringerung von Verzerrungen. Dass bspw. Lebenserfahrung und beruflicher Alltag Auswirkungen auf u.a. Toleranz, Ambiguitätstoleranz und Souveränität im Umgang mit Konflikten haben und sich der Einsatz von mediatorischen und mediativen Elementen mit alltäglichen Verhaltensweisen vermischt, war bei der Auswertung zu berücksichtigen.

Eine der Schwierigkeiten bei Wirksamkeitserhebungen ist, dass sie v.a. auf Selbsteinschätzung basieren und dies keine valide Größe darstellt, wenn man sie empirisch belegen will. Hier geht es um Veranschaulichung, um Exploration von individuellen Bewertungen, die nicht unbedingt repräsentativ, dafür allerdings anregend und in einigen Punkten wegweisend sind.

1.8 Die qualitative Inhaltsanalyse

Die qualitative Inhaltsanalyse erschien insbesondere anhand des Datenmaterials und der Themenstellung[27], aber auch auf Grundlage ihrer Etablierung neben den

---

26 Die 3 unterschiedlichen Ausbildungsdurchgänge sind hier als A, B und C bezeichnet.
27 Die Bedeutung qualitativ analysierender Empirie lässt sich im Verweis auf Mayrings Ausführungen zur Qualitativen Sozialforschung als Material zur Inhaltsanalyse auch für den Kontext

traditionellen quantitativen Methoden in den letzten Jahren als geeignet, um die Daten aufzubereiten und auszuwerten[28]:
Mit Blick auf die Ziel- und Themenstellung der Untersuchung ist hier auf die Forderung nach offenen Erhebungsmethoden zu verweisen, die u.a. für die Humanwissenschaften bereits von Polkinghorne 1983 und von feministischen Ansätzen in den Sozialwissenschaften, wie sie bspw. von Harding 1987, Becker-Schmidt/Bilden 1991 vertreten wurden. Die Bedarfssituation zeigte sich weiterhin durch den größer werdenden Stellenwert von Analysen individueller Biographien, wie sie sich bei Bertraux/Kohli 1984, Plummer 1983 und Fuchs 1984 finden. Als ein weiteres Signal kann im exemplarischen Verweis auf Erikson 1959 und dessen Bedeutung in der Entwicklungspsychologie die erfolgreiche Etablierung von Ansätzen, die zugunsten qualitativ orientierter Analysen von Einzelfällen die Arbeit mit einer großen repräsentativen Stichprobe in den Hintergrund stellen, angeführt werden. Mayring 2008 ergänzt im Rückblick: *„Die Ethnologie zu Beginn dieses Jahrhunderts (z.B. Malinowski) hat mit ihren Methoden der teilnehmenden Feldforschung und des vorsichtigen Verstehens und Interpretierens des Fremden (Ethnomethodology, vgl. Weingarten/Sack/Schenkein 1976) andere Sozialwissenschaften angesteckt, wie vor allem die Soziologie (Cicourel 1964) und die Erziehungswissenschaften (Erickson 1987; König/Zedler 1995), erst sehr vorsichtig die Psychologie (Rizzo/Corsaro/Bates 1992; Banister/Buran/ Parker Taylor/Tindall 1994).“* (Mayring 2008, S.10)

Es schien hier angemessen, das Datenmaterial so auszuwerten, dass die Befragten noch „*wirklich zur Sprache kommen*" (Mayring 2008, S.9) und durch interpretative Methodik latente Sinnstrukturen (vgl. ebd.) erkannt werden können. Zur systematischen und intersubjektiven Überprüfbarkeit bei gleichzeitiger Wahrung von Komplexität, der Bedeutungsfülle und ‚Interpretationsbedürftigkeit' des Materials lässt sich die systematische Beschreibung der qualitativen Inhaltsanalyse nach Mayring 2008 als eine umfassende Anleitung zur Auswertung heranziehen und damit die Nachvollziehbarkeit der Ergebnisse erhöhen.[29]

---

politischer Veränderung im Hinblick auf Diversitätsmanagement verdeutlichen (vgl. Mayring 2008, S. 29; ders., S. 57).

28 Mayring 2008 (S. 7) resümiert: „*Zunächst muss festgehalten werden, dass sich die Sozialwissenschaften in den letzten beiden Jahrzehnten zunehmend qualitativ orientierten Ansätzen geöffnet haben. [...] Das gilt vor allem für Soziologie und Erziehungswissenschaften, in abgeschwächter Form für Psychologie.*" Als plakativ kann in diesem Zusammenhang Erwähnung finden, dass die qualitative Inhaltsanalyse 1995 in das renommierte psychologische Methodenlehrbuch von Bortz/Döring 1995, welches bis dahin ausschließlich quantitativ-experimentell ausgerichtet war, aufgenommen wurde. (vgl. ebd. Mayring 2008, S. 7)

29 Die von Mayring 2008 beschriebenen Vorbehalte gegen qualitative Forschung sind bis heute im Bereich universitärer Forschung aktuell. Sie nehmen v.a. auf die „*intersubjektive Nachvollziehbarkeit, die Verletzung klassischer Gütekriterien wie Objektivität und Reliabilität und unzurei-*

Unter den verschiedenartigen definitorischen Ansätzen wurde die folgende Beschreibung der Inhaltsanalyse nach Mayring (2008, S.13) ausgewählt:

> *„Zusammenfassend will also Inhaltsanalyse*
>
> - Kommunikation *analysieren;*
> - fixierte *Kommunikation analysieren;*
> - *dabei* systematisch *vorgehen;*
> - *das heißt* regelgeleitet *vorgehen;*
> - *das heißt auch* theoriegeleitet *vorgehen;*
> - *mit dem Ziel,* Rückschlüsse auf bestimmte Aspekte der Kommunikation *zu ziehen.“*

Der Auswertungsprozess diente hier einerseits der Hypothesenprüfung. Andererseits wurden auf diesem Weg die Interviews genutzt, um ausgewählte Forschungsfragen, die sich aus der Literatur- und Dokumentenanalyse zur Praxis sozialer und pädagogischer Arbeit ergaben (vgl. Klappenbach 2009b, S. 83ff) mit der Perspektive der Befragten anzureichern. Zum systematischen, theorie- und regelgeleiteten, Textverstehen und -interpretieren wurden die Interviews nacheinander bearbeitet. Anschließend wurden sie in Zusammenhang miteinander gebracht.[30] Das Auswertungsvorgehen orientierte sich an den drei Grundformen des Interpretierens nach Mayring 2008: der Zusammenfassung, der Explikation und der Strukturierung. Diese lassen sich in die folgenden 7 qualitativen Analyseformen (Mayring 2008, S. 59) differenzieren:

---

chende Verallgemeinerbarkeit der Ergebnisse" (Mayring 2008, S.7) Bezug. Ihnen kann mit dem Ansatz qualitativer Inhaltsanalyse zum einen durch die wesentliche Rolle der Inter-Koder-Reliabilität, zum anderen durch den Hinweis begegnet werden, dass deren qualitative Ergebnisse sich quantitativ weiterverarbeiten lassen. Auch die Ergebnisse der vorliegenden qualitativen Analyse lassen sich lohnend quantitativ weiterführen. Ein erster Schritt dazu ist, wie Abb. 1 zeigt, bereits mit der Begleitforschung zur integrativen Mediationsausbildung an der Freien Universität Berlin gemacht. *„Die eigentliche Zuordnung von Textmaterial zu inhaltsanalytischen Kategorien bleibt aber ein (wenn auch durch inhaltsanalytische Regeln kontrollierter) Interpretationsvorgang."* (Mayring 2008, S. 7) Mithilfe von Forschungswerkstätten wurde versucht, die Interpretationsanteile der Autorin zu reflektieren.

30   Dieses Verfahren bot sich anhand des Materials an, da die qualitative Inhaltsanalyse eine Variante zwischen klassifikatorischen und sinnrekonstruierenden Verfahren darstellt. Sie ist eher theoriegeleitet als theoriegenerierend und ermöglicht unabhängig von einer Theorienbestätigung, interessante Aussagen zum Text als Ergebnisse zusammenzufassen. Grundlegend für die Herangehensweise war, dass die *„Textinterpretation nicht sequenzanalytisch* [verfährt], *sondern auf der Basis eines Kategorienschemas, das allerdings in einer explorativen Phase mit Rekurs auf die erhobenen Daten entwickelt wird."* (Meuser, Michael: Inhaltsanalyse. S.90. In: Bohnsack/Marotzki/Meuser 2003. S. 89-91)

Zusammenfassung	(1) Zusammenfassung
Explikation	(2) Enge Kontextanalyse
	(3) Weite Kontextanalyse
Strukturierung	(4) Formale Strukturierung
	(5) Inhaltliche Strukturierung
	(6) Typisierende Strukturierung
	(7) Skalierende Strukturierung

Analyseschritt 1: Zusammenfassung

„Ziel der Analyse ist es, das Material so zu reduzieren, dass die wesentlichen Inhalte erhalten bleiben, durch Abstraktion einen überschaubaren Corpus zu schaffen, der immer noch Abbild des Grundmaterials ist." (Mayring 2008, S. 58)

Nachdem in der ursprünglichen Planung einer Grounded Theory das Software-Programm Max QDA II herangezogen wurde und sich dies als sehr zeitaufwendig und für den Zweck der Dokumentation im beschriebenen Sinne repräsentativer Ergebnisse als ineffektiv darstellte, wurde der Ansatz der qualitativen Inhaltsanalyse vorgezogen und dementsprechend umgesetzt. Der Einsatz der Forschungssoftware wurde anhand dieser methodischen Herangehensweise getestet und dabei als ineffektiv, eher geeignet für die weitere Bearbeitung im bereits im Überblick dargestellten Forschungszusammenhangs erlebt. In ‚Handarbeit', d.h. mit farblicher Markierung und Zuordnung zu den Kategorien wurde verfahren, wie es traditionell in Forschungswerkstätten und auch im Zeitalter der Technisierung noch bisweilen als sinnvoll und effektiv erachtet wird. Die so vorbereitete Analyse wurde dann mithilfe der Max QDA II – Software digitalisiert, damit sie sich erweitert nutzen lässt.

Die zusammenfassende Inhaltsanalyse fand in Anlehnung an den von Mayring (2008, S. 60) wie folgt skizzierten Ablaufprozess statt, der hier inklusive der Interpretationsregeln (Z1-Z4) dargestellt ist:

1. Schritt	Bestimmung der Analyseeinheiten
2. Schritt	Paraphrasierung der inhaltstragenden Textstellen (Z1) • *Alle nichtinhaltstragenden Textbestandteile (Ausschmückungen, Wiederholungen) werden fallengelassen* • *Inhaltstragende Textstellen werden auf eine einheitliche Sprachebene übersetzt* • *Transformation auf eine grammatikalische Kurzform*
3. Schritt	Bestimmung des angestrebten Abstraktionsniveaus, Generalisierung der Paraphrasen unter diesem Abstraktionsniveau (Z2)

	• *Die Gegenstände der Paraphrasen werden auf die definierte Abstraktionsebene generalisiert, so dass die alten Gegenstände in den neu formulierten impliziert sind.* • *Die Paraphrasen, die über dem Abstraktionsniveau liegen, werden belassen.*
4. Schritt	Erste Reduktion durch Reduktion, Streichen bedeutungsgleicher Paraphrasen (Z3) • *Bedeutungsgleiche Phrasen innerhalb der Auswertungseinheiten werden gestrichen* • *Paraphrasen, die auf dem neuen Abstraktionsniveau nicht als wesentlich inhaltstragend erachtet werden, werden gestrichen*
5. Schritt	Zweite Reduktion durch Bündelung, Konstruktion, Integration von Paraphrasen auf dem angestrebten Abstraktionsniveau (Z4) • *Paraphrasen mit gleichen bzw. ähnlichem Gegenstand und ähnlicher Aussage werden zu einer Paraphrase (Bündelung)* • *Paraphrasen mit mehreren Aussagen werden zu einem Gegenstand zusammengefasst (Konstruktion/Integration)*
6. Schritt	Zusammenstellung der neuen Aussagen als Kategoriensystem
7. Schritt	Rücküberprüfung des zusammenfassenden Kategoriensystems am Ausgangsmaterial

In der Darstellung der Ergebnisse sind einige der so gekennzeichneten Passagen als „Ankerbeispiele"[31] aus der handschriftlichen Bearbeitung auf- und in den vorliegenden Text übernommen.

Analyseschritt 2: Explikation

„Ziel der Analyse ist es, zu einzelnen fraglichen Textteilen (Begriffen, Sätzen, ...) zusätzliches Material heranzutragen, das das Verständnis erweitert, das die Textstelle erläutert, erklärt, ausdeutet." (Mayring 2008, S.58)

Schwerpunkt der Auswertung bildete die explizierende Inhaltsanalyse, die Beschreibung zur Erläuterung fraglicher Textstellen v.a. durch Kontextbezüge. Zu Hilfe genommen wurden im Sinne einer engen Kontextanalyse (vgl. Mayring

---

31 Nach Mayring 2008 sind Ankerbeispiele definiert als „konkrete Textstellen, die unter eine Kategorie fallen und als Beispiel für diese Kategorie gelten sollen." (ebd., S.83)

2008, S. 58) weitere Passagen aus demselben Interview, im Sinne einer weiten Kontextanalyse (vgl. ebd.) das Datenmaterial der anderen Interviews mit Mediator/inn/en sowie in einem weiteren Schritt ergänzend das Expert/inn/eninterview. Wo dies nicht hinreichend klärend war, wurden darüber hinaus Dokumente aus der Ausbildungsarbeit, Veröffentlichungen und unveröffentlichtes Material des Ausbildungsinstitutes herangezogen. Für die Diskussion der Ergebnisse schließlich wurde das Material, dass sich diesbezüglich aus der theoretischen Bearbeitung im Rahmen der vorliegenden Arbeit eignete, einbezogen. Die o.g. „Ankerbeispiele" aus den Transkripten wurden durch dieses Material ergänzt. (vgl. Mayring 2008, S.96)

Die Verfahrensweise der explizierenden Inhaltsanalyse erfolgte in Anlehnung an das durch Mayring (2008, S. 78) dargestellte Ablaufmodell:

1. Schritt	Bestimmung der Auswertungseinheit (der zu explizierenden Textstelle)
2. Schritt	Lexikalisch-grammatikalische Definition der Textstelle (E1) • *die vom sprachlichen und sozio-kulturellen Hintergrund relevanten Lexika und Grammatiken bestimmen* • *die Textstelle auf ihre grammatikalische und lexikalische Bedeutung hin analysieren* • *überprüfen, ob die Textstelle dadurch bereits hinreichend erklärt ist*
3. Schritt	Bestimmung des zulässigen Explikationsmaterials (E2) • *beim engsten Textkontext beginnen (d.h.: beim direkten Umfeld der zu explizierenden Stelle im Text)* • *zu immer weiteren Kontext fortschreiten, wenn die Überprüfung der Explikation nicht befriedigend war*
4. Schritt	Materialsammlung

	Enge Kontextanalyse: direktes Textumfeld (E3)
	
	 • *alle Aussagen sammeln, die in einer direkten Beziehung zur fraglichen Stelle im direkten Textkontext stehen, d.h., die sich*
	     o *definierend, erklärend*
	     o *ausschmückend, beschreibend*
	     o *beispielgebend, Einzelheiten ausführend*
	     o *korrigierend, modifizierend*
	     o *antithetisch, das Gegenteil beschreibend*
	 zur Textstelle verhalten

	• *überprüfen, ob die zu erklärende Textstelle im Text noch in gleicher oder ähnlicher Form auftaucht und den dortigen engen Textkontext untersuchen*
	Weite Kontextanalyse: Zusatzmaterial über den Text hinaus (E4)
	• *überprüfen, ob zur/m Verfasser/in der Textstelle weiteres explizierendes Material zugänglich ist* • *Material über die Entstehungssituation des Textes zur Erklärung heranziehen* • *überprüfen, ob aus dem theoretischen Vorverständnis explizierendes Material abgeleitet werden kann* • *überprüfen, ob aufgrund des eigenen allgemeinen Verstehenshintergrundes weiteres Material heranzuziehen ist* • *die Relevanz und den Bezug des gesammelten Materials zur fraglichen Textstelle begründen*
5. Schritt	Formulierung der explizierenden Paraphrasen (E5)
	• *das zur Explikation gesammelte Material zusammenfassen und daraus eine Paraphrase für die fragliche Textstelle formulieren (vgl. Abb. 10)* • *bei widersprüchlichem Material mehrere alternative Paraphrasen formulieren*
6. Schritt	Überprüfung, ob die Explikation ausreicht (E6)
	• *die explizierende Paraphrase anstatt der fraglichen Stelle in das Material einfügen* • *überprüfen, ob im Gesamtzusammenhang des Materials die Textstelle ausreichend sinnvoll ist* • **wenn die Explikation nicht ausreichend erscheint: neues Explikationsmaterial bestimmen und die Analyse ab dem 3. Schritt neu durchlaufen**

Die Ergebnisse der engen Kontextanalyse wurden in die Darstellung der Auswertungsergebnisse der qualitativen Inhaltsanalyse auf Grundlage ihrer erfolgreichen Überprüfung reintegriert. Aus der Explikation wurden bei der Darstellung der Ergebnisse auf Grundlage einer weiten Kontextanalyse v.a. der Begriff „Mediative Haltung" sowie ‚als besonders hilfreich erlebte Mediationsmethoden' ausgewählt und im Ansatz „Mediative Kommunikation" (vgl. Klappenbach 2006/11) zusammengefasst.

Analyseschritt 3: Die Strukturierung

„*Ziel der Analyse ist es, bestimmte Aspekte aus dem Material herauszufiltern, unter vorher festgelegten Ordnungskriterien einen Querschnitt durch das Material zu legen oder das Material aufgrund bestimmter Kriterien einzuschätzen.*" *(Mayring 2008, S. 58)*

Mayring 2008 differenziert die in Abbildung 12 dargestellten Analyseformen zur Strukturierung wie folgt: „Nach formalen Strukturierungsgesichtspunkten kann eine innere Struktur herausgefiltert werden (formale Strukturierung); es kann Material zu bestimmten Inhaltsbereichen extrahiert und zusammengefasst werden (inhaltliche Strukturierung); man kann auf einer Typisierungsdimension nach einzelnen markanten Ausprägungen im Material suchen und diese genauer beschreiben (typisierende Strukturierung); schließlich kann das Material nach Dimensionen in Skalenform eingeschätzt werden (skalierende Strukturierung)." (Mayring 2008, S. 59) Mit dem vorliegenden Datenmaterial wurde eine strukturierende Inhaltsanalyse vorgenommen, um das Material zu den ausgewählten Forschungsfragen zu extrahieren und zusammenzufassen und dieses dann für das Vermittlungskonzept zu verarbeiten (vgl. Mayring 2008, S. 84;89).

1. Schritt	Bestimmung der Analyseeinheiten	
2. Schritt	Festlegung der Strukturierungsdimensionen (theoriegeleitet) / Bestimmung des formalen Kriterums (syntaktisch, thematisch, semantisch, dialogisch)	
3. Schritt	Bestimmung der Ausprägungen (theoriegeleitet) Zusammenstellung des Kategoriensystems	7. Schritt Überarbeitung, ggf. Revision von Kategoriensystem und Kategoriedefinition
4. Schritt	Formulierung von Definitionen, Ankerbeispielen und Kodierregeln zu den einzelnen Kategorien	
5. Schritt	Materialdurchlauf: Fundstellenbezeichnung	
6. Schritt	Materialdurchlauf: Bearbeitung und Extraktion der Fundstellen	
8. Schritt:	Zusammenstellung der Feinstruktur	
9. Schritt	Zusammenstellung der Grobstruktur	
Ergebnisaufbereitung		

Wie Pierre Bourdieu (1997) in: *Das Elend der Welt* bereits treffend formulierte, lastet subjektive Prägung bereits durch Transkription auf den Interviews und der Forschung im Allgemeinen. Die Transkriptionsregeln wurden vor der Durchführung der Interviews festgelegt, um eine möglichst originalgetreue Wiedergabe der Inhalte sicherzustellen. Als Strukturierungsdimensionen wurden zum einen die theoriengeleitet entwickelten Forschungshypothesen herangezogen. Zum anderen wurde die Analyse anhand der in der hermeneutischen Untersuchung entwickelten Forschungsfragen erweitert.

Die Hypothesen wurden nummeriert, um ihnen Aussagen aus dem Text leichter zuordnen zu können. Die komplexen Thesen wurden in ihre jeweiligen Bestandteile zerlegt. Insbesondere Forschungshypothese 2 wurde dabei in Einzelkategorien unterteilt, das Datenmaterial auf Aussagen zur Entwicklung von Toleranz, Ambiguitätstoleranz und Souveränität im Umgang mit konflikthaften Situationen untersucht. Die Betrachtung insbesondere dieser drei Aspekte wurde durch Selbsteinschätzungen und Fragebögen im weiteren Verlauf der Forschungsarbeit vertieft, die die im Weiteren dargestellten Ergebnisse der Interviews bestätigten und differenzierten. Aus dem Text hervorgehende Ausprägungsmerkmale wurden differenziert, um die Problematik der Abgrenzung zwischen den einzelnen Variablen zu berücksichtigen und eine präzise Grundlage für die Überarbeitung des Kategoriensystems und dessen Definitionen zu schaffen. (vgl. Mayring 2008, S. 99; Flick 2007, S.473)

Antworten und Hinweise zur Überprüfung der Forschungshypothesen fanden sich sowohl auf der Ebene subjektiver Theorien als auch auf der Ebene von Beschreibungen des Erlebens sowie Beschreibungen konkreten Handelns. Auf diskussionswürdige, d.h. unklare Zuordnungen zu Kategorien wurde verzichtet.

Auch die Diskussion der Auswertung erfolgte nach dem beschriebenen Prinzip: Die Auswertungsergebnisse der einzelnen Interviews wurden anhand der wesentlichen Aussagen zu den o.g. Kategorien gebündelt. Die Einzelergebnisse wurden daraufhin nach den Kategorien in Kurzform zusammengefasst, wobei nach Übereinstimmungen und Unterscheidungen sortiert und nach Person bzw. Ausbildungsdurchgang gekennzeichnet blieb. Auf der Grundlage dieses Materials erfolgte die Diskussion daraus gezogener Schlussfolgerungen zur Beantwortung der Forschungsfragen.

2 Die Bewertung der Kompetenzentwicklung mit Hilfe von Mediationsausbildung durch Agierende sozialer und pädagogischer Handlungsfelder

Die nachfolgend zusammengestellten Ergebnisse der Interviews werden erst zu den in den Forschungshypothesen formulierten Themen und schliesslich zu ausgewählten Forschungsfragen gebündelt. Ergänzt wurden Forschungsfragen, die möglicherweise dabei helfen, Mediationsausbildungen weiterhin zu optimieren und die Entwicklung von Diversity-Kompetenz (vgl. Klappenbach 2009a; 2010) im weiteren Bereich zu begünstigen.

2.1 Ergebnisse zur Themenstellung der Forschungshypothesen

Die Aussagen aus den Interviews werden in Zuordnung zu den einzelnen Forschungshypothesen und soweit möglich Person für Person zusammengefasst.[32]

Forschungsthemen im Überblick
• Mediative interkulturelle Kompetenz als Schlüsselkompetenz im pädagogischen Arbeitsfeld (Hypothese 1) • Steigerung von Ambiguitätstoleranz, Toleranz und Souveränität im Umgang mit schwierigen und konfliktreichen Situationen durch Mediationsausbildung (Hypothese 2) • Bedarf an beruflicher Qualifizierung in mediativer interkultureller Kompetenz (Hypothese 3) • Nachfrage und Angebot im Vergleich (Hypothese 4) • Vorteile der Kompetenzvermittlung im universitären Rahmen (Hypothese 5) • Übertragbarkeit von Ergebnissen aus der internationalen Friedensforschung auf den nationalen bzw. regionalen Kontext (Hypothese 6)

---

32 Auf eine differenzierte Beschreibung der Personen wird hier zugunsten der Wahrung der Anonymität und auf Basis der Einschätzung, dass die Verwendbarkeit der Ergebnisse davon unabhängig ist, verzichtet. Die Interviewtexte werden im Archiv des Arbeitsbereichs Mediative Kommunikation aufbewahrt.

An einigen Stellen im Text wird auf Übereinstimmungen und Unterscheidungen verwiesen, um subjektive Theorien, Bezüge zu konkreten Handlungsbeschreibungen, personale und kontextuelle Abhängigkeiten sowie Ambivalenzen und Diskussionswürdigkeit anhand der Themenstellung zu demonstrieren. Anschließend werden Schlussfolgerungen resümiert, die sich aus der Gesamtbetrachtung ergeben.

2.1.1 Mediative interkulturelle Kompetenz als Schlüsselkompetenz im pädagogischen Arbeitsfeld (Hypothese 1)

„Mediation ist nicht nur eine sinnvolle, sondern auch eine gefragte Methode im interkulturellen Arbeitsfeld. Das gesellschaftliche und persönliche Interesse an kulturellen Zusammenhängen und Unterschieden im beruflichen Kontext nimmt zu. Mediative interkulturelle Kompetenz wird so zu einer Schlüsselkompetenz im pädagogischen Arbeitsfeld."

Person M1: Mediation als Verständigungshilfe in interkulturellen Überschneidungssituationen

Bei Person M1 findet sich auf Grundlage eines erweiterten Kulturbegriffes die Zustimmung zu These 1 im Gesamten (460-466[33]). Veranschaulicht wird dies exemplarisch anhand der Debatte um die Hannover-Moschee (467-477)(499-511) und der Arbeit mit Behinderten (478-481):

„Also ich erlebe immer wieder, dass es Konflikte gibt, die dadurch entstehen, dass Menschen nicht ‚eine Sprache sprechen', (-) in Anführungsstrichen. Dass sie ja also aufgrund ihrer ganz anderen Erziehung, ihrer anderen Religion, ihrer anderen familiären und kulturellen Hintergründe eine andere Sichtweise haben und sich dann verschließen und Vorurteile sammeln und Urteile sammeln. Und die werden dann so zu großen Haufen und Mauern geschichtet. Man spricht dann unter seinesgleichen darüber, wie fürchterlich doch das ist, dass die und jene Leute diesen und jenen Brauch haben. (---)

Also mir fällt dazu gerade ein: In Hannover [...] soll eine Moschee gebaut werden. Und es gibt unendliche Streitigkeiten darüber, weil die Nachbarschaft nicht möchte, dass diese Moschee da steht. Nun steht ja die Moschee für etwas. Ich glaube, dass es ganz wesentlich wäre, dass man, (-) wenn da denn eine Gruppe von muslimischen Bürgern lebt oder auch von noch nicht Bürgern sondern irgendwann mal zu werdenden Bürgern oder vielleicht auch Menschen, die vielleicht auch nie unsere Mitbürger in dem Sinne sind, dass sie ‚Deutsche werden', aber ihre eigene Kultur leben wollen, dass man in solchen Zusammenhängen Gespräche su-

---

[33] Die Kennzahlen beziehen sich auf den jeweiligen Interviewtext. Dieser wird in diesem Buch nicht abgedruckt – es lassen sich aber Informationen zum Umfang der Äußerungen und zur Positionierung im Interviewtext daraus ableiten.

chen muss und dass man die möglichst frühzeitig findet. Dass man die eben schon im Kinder- und Jugendalter findet. Und dass man dann, wenn die Leute sich kennen lernen die größere Chance hat, dass sie sich auch akzeptieren.

Das ist für mich genau das Beispiel wie mit den behinderten Menschen. Da sehe ich eine ganz große Parallele dazu. Es gibt ganz viele Leute, die gar keinen Kontakt haben zu Behinderten. Die haben eine Zurückhaltung, die haben eine Aversion und es stellt sich heraus, das liegt ganz häufig daran, dass sie Berührungsängste haben, dass sie nicht wissen, warum jemand sich so komisch verhält.

Und ich denke, genau dieses ist ja auch das Thema zwischen Menschen unterschiedlicher Kulturen. ‚Warum, (-) ja, (-) verhalten die sich ganz anders? Nehmen die mir da was weg?' Oder: ‚Die nehmen mir bestimmt was weg!' oder solche Haltungen und da denke ich, dass es ganz wichtig ist, ins Gespräch zu kommen und das kann ganz sicherlich auch so eine Atmosphäre von mehr Verständigung machen.

Und, (-) ja, Verständigung ist ja nun häufig nicht das, was Realität ist. Es gibt ja immer noch eben Kloppereien bis hin zu Messerstechereien oder irgendwelchen Gewalttaten, gerade zwischen Gangs auch, zwischen Gruppen von Jugendlichen, die ja sehr geprägt sind, von ihren Eltern, die sich aber irgendwie wieder abgrenzen wollen, die sich wieder zusammentun, weil sie Ihresgleichen suchen, und wenn man denen eine Möglichkeit gibt, miteinander reden zu lernen, dann denk ich, ist das eine Sache, die wird viel Leid ersparen. Das hört sich jetzt ein bisschen pathetisch an, aber ich denke, das ist genau das, was es tun wird." (M1, 460-494)

Person M1 beschreibt Mediation als Verständigungshilfe in interkulturellen Überschneidungssituationen (482-494). Sie berichtet von Ihrem Interesse an Mediation aus dem sozialen Beruf heraus und der Motivation für ihre eigene Ausbildung, die daraus resultierte. Ihre damalige Erwartung an die Mediationsausbildung schildert sie wie folgt:

„Ja, also Mediation war mir zu dem damaligen Zeitpunkt als Methode nicht vertraut. Mich hat interessiert das Zwischenmenschliche, deshalb hab ich ja auch Psychologie studiert -, mich hat interessiert, wie Menschen miteinander umgehen, ich finde Kommunikation sehr sehr wichtig und mir hat sich immer wieder die Frage gestellt im Laufe der Zeit, aber dann nicht mehr soo so sehr bezogen auf den interkulturellen Hintergrund, sondern bezogen auf das, was ich erlebt hab in Mitarbeiterteams, warum dort Konflikte eskalieren auf einer Ebene, die dann sehr persönlich wird und auf der anderen Seite mit der Erfahrung, dass bei Supervision es ja nicht damit getan ist, dass man nur auf der Beziehungsebene supervidiert.

Also das war mir eine ganz wesentliche Erkenntnis, zu sagen, es braucht auf der einen Seite eine gewisse fachliche Draufsicht auf das, was abläuft in Teamprozessen usw., um auch Erleichterung für die Anwesenden zu finden, um denen auch klarzumachen, dass es nicht alles Probleme sind, die zwischen Menschen bestehen, weil die sich nicht leiden können oder weil der eine ‚so böse zum anderen ist', sondern dass das ganz viele Dinge sind, die strukturell bedingt sind, die eben in der Arbeit bedingt sind, die aufgrund des so Seins der behinderten Menschen bedingt sind.

Und trotz all dieses Wissens und trotz all dieser Erleichterung für die Mitarbeitenden, solche Erklärungen zu haben, habe ich mich dann immer wieder auch gefragt: Was fehlt hier noch?

Warum gibt es trotzdem unter Umständen so heftige Konflikte? Und das war dann das, was mich hat so gespannt sein lassen auf diese Mediationsgeschichte." (159-178)

Person M2: Deeskalation und Konfliktprävention durch die Trennung von Sach- und Beziehungsebene mithilfe mediatorischer Kompetenz

Person M2 bestätigt die These mit Blick auf den schulischen Arbeitskontext (151-169). Sie beschreibt Interkulturelle Mediation als zu wenig im Angebot (181-182) und betont die vielseitigen Verwendungsbereiche (545-550). Als Beispiele für den sinnvollen Einsatz benennt sie exemplarisch „*die Situation türkischer Mütter beim Sozialamt*" (558-573) sowie Beispiele aus dem Arbeitsteam. Sie stellt v.a. Deeskalation und Konfliktprävention durch die Trennung von Sach- und Beziehungsebene (578-602) als hilfreich in den Vordergrund. Im Hinblick auf die Etablierung einer konstruktiven Konfliktkultur und den konstruktiven Umgang mit Konflikten äußert sie den Wunsch, dass „*dieses Handwerkszeug [...] jeder für sich beansprucht*" (239-240). Auf die konkrete Nachfrage am Ende des Interviews stimmt sie der These in einem Satz zu: „*Dem stimme ich zu.*"(806)

Person M3: Die Relevanz von Gewaltprävention durch Mediation

Auch Person M3 bestätigt einen Bedarf an Mediation in ihrem Arbeitsbereich (88-101). Anhand ihrer Äußerungen ist zu erkennen, dass sie zwischen Interkultureller Mediation und Mediation v.a. anhand sprachlicher Erfordernisse unterscheidet:

„*Also wenn ich jetzt noch mal was erkläre, klar, dann kommen auch noch mal Nachfragen mehr bei ausländischen Jugendlichen als bei deutschen Jugendlichen. Aber das hat eben wirklich nur damit zu tun, dass sie mit der deutschen Sprache noch nicht so vertraut sind. Aber jetzt die eigentliche Mediation ist vom Handwerklichen her betrachtet, so wie ich's mache, das Gleiche eigentlich. Also außer, wie gesagt, dass man ein paar Dinge noch mal vom Wort her besser erklären muss. Das ist der große Unterschied, ja.*" (M3, 141-146)

Für ihren Arbeitsbereich bezeichnet Person M3 ebenfalls insbesondere die Relevanz von Gewaltprävention durch Mediation (152-169). In ihrer Zustimmung zu These 1 differenziert sie:

„*Ja. Also dem würde ich zustimmen, wenn die Mediations-Ausbildung eben einen Schwerpunkt hat, der interkulturell ist. Weil, wie gesagt, die Ausbildung, die ich in Mediation gemacht habe, war ja jetzt nicht der Schwerpunkt Interkulturelle Mediation sondern eben allgemein. Aber, (-) ja, dem würde ich zustimmen, dem Ersten.*" (M3, 602-605)

Person M4: Mediatorische Kompetenz als Wegbereiter zum Verständnis und Grundstein für einen sozialen Beruf

Person M4 bezieht sich in ihren Kommentaren v.a. auf Beispiele aus dem jüdisch-christlichen Dialog und beschreibt Mediation als *„Wegbereiter zum Verständnis"* (158-176). Sie bestätigt eine Erleichterung der Arbeit durch mediatorische bzw. mediative Kompetenz (207-213) (217-220). Mediationsausbildung benennt sie als ‚Grundstein für ihren Beruf' (1018-1020). Für ihre Zustimmung zu These 1 findet sich im Text folgende Begründung:

„Also das, denk ich, auf jeden Fall. Dass es so ein A und O, so 'nen Schlüsselcharakter hat. Das glaub ich. Und dass es gefragt ist, denk ich auch. Also weil es sinnvoll ist, ist es auch gefragt. Manchmal sind ja Sachen sehr modisch und sehr hübsch. Wenn das aber wirklich hilft und wirklich gut ist, dann bleibt das einfach auch. Und es ist notwendiger, weil (-) die kulturellen Zusammenhänge und Unterschiede im beruflichen Kontext, also wir können uns vor dem einfach gar nicht verschließen. Weil wir in so einer ganz anderen Zeit leben. Das denk ich zur ersten."(1119-1125)

Person Exp 1: Mediative interkulturelle Kompetenz als beruflich geforderte Weiterbildungsqualifikation

Die befragte Ausbildungsleitung Exp 1 berichtet im Interview, dass die beschriebene Kompetenz teilweise als berufliche Weiterbildung sogar gefordert werde. Sie betont im Text von sich aus mediatorische bzw. mediative Kompetenz als Schlüsselkompetenz (612-618). Der von ihr erbetene Kommentar zu These 1 lautet dann wie folgt:

„Das ist sehr gewagt. Also ich denke, das ist schon richtig. Aber es ist ein sehr hoher Anspruch." (757-758)

Sie schätzt die These als sog. ‚Zukunftsmusik' ein:

„so wie Du das schreibst, was schön wäre, (-) und ein schöner Zustand, das liegt, finde ich, noch weit weg" (770-771).

Zusammenfassung: Die Erleichterung des Arbeitsalltags durch mediatorische Kompetenz

Zusammenfassend lassen sich aus dem Interviewmaterial v.a. die Aussagen zur eigenen Motivation für den Kompetenzerwerb durch eine Mediationsausbildung heranziehen. Alle Befragten bestätigen die Wichtigkeit der Ausbildung für ihren Arbeitsalltag und die Erleichterung, die sie dank der Inhalte u.a. für sog. interkulturelle Überschneidungs- oder Begegnungssituationen schöpfen konnten und können.[34] Im Ausbildungskonzept wurde das Phänomen einer interkulturellen Überschneidung im klassischen Bild zweier sich überlappender Kreise vermittelt, die eine mehr oder weniger große Schnittmenge aufweisen können:

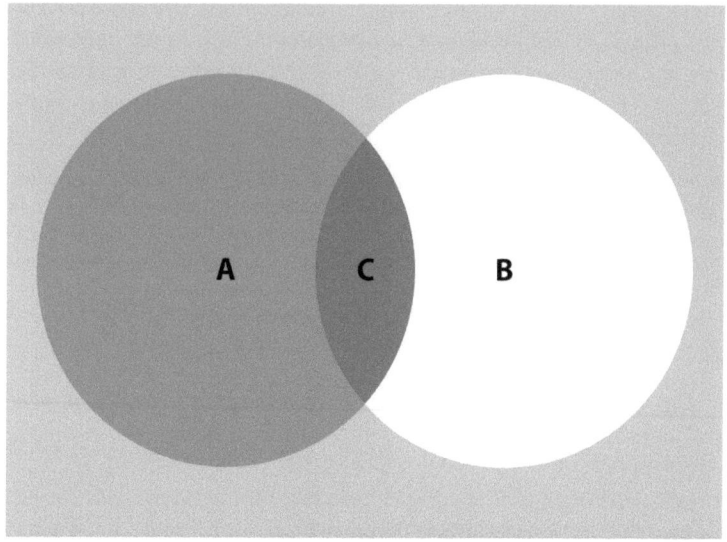

Abb. 4: Kulturelle Überschneidungssituation

Im Gegensatz zu den befragten Mediator/inn/en M1-M4 legte die Ausbildungsleitung Exp 1 deutlich mehr Wert auf eine begriffliche Unterscheidung zwischen mediativer Kompetenz und interkultureller Kompetenz:

> *„Und da sehe ich einen Unterschied zur interkulturellen Kompetenz, weil interkulturell heißt für mich, dass man sich auch innerhalb der Kulturen bewegt und in Kontakt kommt mit den verschiedenen Kulturen. Insofern bin ich ein Element der Kulturen. Weil in der Mediation bin ich ja quasi die Außenstehende, die den Konflikt, (-) die den Medianden durch das Gespräch führt. Insofern ist da ein starker Unterschied. Weil ich kann, wenn ich mich in der Kultur bewege oder innerhalb verschiedener Kulturen, ja nicht immer wertfrei sein. Meine eigenen Gedanken, Gefühle usw. gehören ja zu meiner Kultur dazu. Und insofern ist das ein ganz starker Unterschied zur Mediation."(191-199)*

---

34 Während das von M3 erlebte Ausbildungskonzept einen Nachmittag dem Thema Mediation in Interkulturellen Kontexten gezielt zuwendete, und sich im Kommentar zur These der deutliche Zusatz „Ja, ... wenn" findet, wurde im Ausbildungskonzept, das M4 schulte, ein stärkerer Schwerpunkt auf dieses Thema gelegt. Ihr Kommentar zu Hypothese 1 ist deutlich. (Diese Bemerkungen sind hier interpretativ eingefügt, um zu konkretisieren und zu veranschaulichen, inwieweit die Zustimmung zur These entstanden sein könnte.)

2.1.2 Steigerung von Ambiguitätstoleranz, Toleranz und Souveränität im Umgang mit schwierigen und konfliktreichen Situationen durch Mediationsausbildung (Hypothese 2)

„Eine Erweiterung der interkulturellen Kompetenz durch Mediation stärkt die Ambiguitätstoleranz, trägt bei zur Förderung von c)Toleranz und Souveränität im Umgang mit schwierigen und in konfliktreichen Situationen."

Person M1: Mediatorische Kompetenz zur differenzierteren Betrachtung von Situationen und die „wertneutrale"(186) Unterscheidung von Wertesystemen

Person M1 berichtet von ihrem vierjährigen Leben in Amerika und davon, Interkulturelle Kompetenz damit vor Jahren bereits erworben zu haben (125ff). Sie beschreibt ihr starkes Interesse an der Erweiterung der Interkulturellen Kompetenz anhand von Beispielsituationen aus der Arbeitspraxis und ihre Mediationsausbildung zugleich als „Grundstock" für die Weiterentwicklung mediativer interkultureller Kompetenz (130-133).

Den Kategorien Toleranz und Ambiguitätstoleranz lassen sich z.B. Aussagen im Interview zuordnen, die beschreiben, dass durch die Mediationsausbildung eine umfangreiche und differenzierte Betrachtung von Situationen und die *„wertneutrale"* (186) Unterscheidung von Wertesystemen in der Mediation (186-194) gefördert wurde. Betont wird darüber hinaus u.a. die vollständigere Wahrnehmung von Gefühls- und Sachebene, wie es bspw. die folgende Passage beschreibt:

„Also das hat mir einen ganz großen Zuwachs gegeben an dem Hinschauen auch noch über eben dieses Vernunftsmäßige, Denkensmäßige hin zu Reaktionen, Gefühlen, zu Stimmungen und zu dem, was an Atmosphäre da ist." (233-239)

Im Hinblick auf Souveränität im Umgang mit Konflikten betont M1 eine wertschätzende mediative Haltung als in den Alltag transferierbar. (184-206)

Person M2: Ein durch Akzeptanz der Menschlichkeit geprägter Umgang mit Diversität als Ergebnis von Haltungsänderung durch Mediationsausbildung

Person M2 beschreibt als gewonnene Kompetenzen Neutralität, Präsenz, die Trennung von Beziehungs- und Sachebene, Bedürfnisorientierung sowie das Annehmen der ‚Menschlichkeit', welches den Umgang mit Diversität prägt. (347-363) Hinzu fügt sie den Aspekt der Körpersprache, der ‚einem mediativen statt wertenden Herangehen Ausdruck zu verleihen vermöge' (386-391). In der Bemerkung: *„Jeder braucht irgendetwas ... Man bleibt einfach Mensch."* drückt sie einen Zugewinn an Gelassenheit und Offenheit im Miteinander aus. (259-363) Es lässt sich darüber hinaus ein Hinweis auf Zugewinn an (Ambiguitäts-) Toleranz in der Beschreibung erkennen, nun, nach der Ausbildung, *„transparent auf die Situation gucken"* (351) zu können statt ‚sich bspw. zu verwickeln und mit eigenen Bewertungen einzubringen'.

Zu Souveränität im Umgang mit Konflikten betont Person M2 als gewonnene Handlungskompetenz: die *„Beziehungsebene rauskicken, wo es um die Sachebene geht"* (352). Desweiteren berichtet sie von weniger Angst in Konflikten und dem Gefühl, nun in der Lage zu sein, in Konfliktgesprächen präsent zu sein und gewaltfrei zu kommunizieren. Sie beschreibt dies als eine entscheidende Haltungsänderung. (58-/66-69) Die Aussagen zur Souveränitätssteigerung durch die Mediationsausbildung ergänzt sie an weiterer Stelle mit dem Hinweis darauf, dass der Transfer vom Mediationssetting in den Alltag notwendig sei und verweist dabei auf Beispielsituationen im privaten Umfeld. (268-277)

Als weiteren Kompetenzzuwachs beschreibt sie dann die Fähigkeiten zum Perspektivwechsel, zur Empathie und zur Kooperation (258-287), u.a. am Beispiel des Umgangs mit Behörden (295-313). Ergänzend spricht sie von der Ausbildung einer *„erwachsene[n] Haltung"*[35] (432), die Wege aus und Abstand von Dramadreieck und Helfersyndrom (432ff., 442-448) ermöglicht. Diese Ausführungen lassen sich ebenfalls der Kategorie Souveränität im Umgang mit schwierigen und in konfliktreichen Situationen zuordnen. M2 beschreibt Mediation als einen Bestandteil interkultureller Kompetenz, der Erweiterung braucht[36] (723ff.) und ergänzt:

> *„Ich denke mal, wenn ich mich für den Bereich spezialisiere, dann habe ich nicht das Gefühl der Fremdartigkeit, sondern gehe den Weg der Begegnung. Und möchte ja ins Gespräch gehen. [...] In der Mediation. Und ich denk mal, da ist Grundvoraussetzung, dass ich das akzeptiere und toleriere und auch spannend finde, da in eine Kommunikation zu kommen. Und den Verstehens-Prozess, den noch mehr anzustoßen."* (M2, 759-767)

Auch im Zusammenhang mit dieser Passage finden sich Bestätigungen für die Entwicklung von Toleranz, Akzeptanz und Ambiguitätstoleranz. (723-/752-782) Auf die konkrete Nachfrage hin stimmt sie der These 2 klar zu. (824)

Person M3: Ambiguitätstoleranz, Toleranz und Souveränität als Kriterien und Definitionselemente für eine durch Mediationsausbildung entwickelte mediative Haltung unter der Voraussetzung von Offenheit der Teilnehmenden für den Kompetenzerwerb

---

35 Dies lässt sich hier im Sinne der transaktionsanalytischen Bedeutung des Erwachsenen-Ichs verstehen.
36 siehe Inhalte der Hypothese 4

Person M3 erwähnt von sich aus Ambiguitätstoleranz, Toleranz und Souveränität als Kriterien und Definitionselemente für eine mediative Haltung (326-357) (518-522) (530-541). Sie beschreibt die Erweiterung von Ambiguitätstoleranz durch Selbstreflexion (382-414). Person M3 erwähnt Toleranz als Grundhaltung (307-314) und Toleranz durch Selbstreflexion (382-414). Es finden sich v.a. Begründungen ihres eigenen Zuwachses an Souveränität anhand von Konfliktbeispielen (277-294) und der Betonung des Zugewinns an Selbstvertrauen (310). Anhand der Bitte um einen Kommentar zu These 2 stimmt sie dieser zu und erwähnt als Voraussetzung für eine erfolgreiche Kompetenzerweiterung Offenheit der Teilnehmenden für den Kompetenzerwerb:

> *„Also wie gesagt, immer darauf bedacht, dass eben denn da bei der Ausbildung da auch drauf hingewiesen wird. (-) Drauf hingewiesen hört sich jetzt ein bisschen komisch an. (-) Aber gut, ich geh' jetzt mal davon aus, dass Leute, die diese Ausbildung machen, dass die ja mit einem Interesse hinkommen und nicht irgendwelche Vorurteile gegen ausländische Mitbürger haben. Und von daher, äh, ja, Förderung von Toleranz. (-) Ja, doch, ja. (-) Souveränität in schwierigen und, (-) ja, stimmt. Also man wird souveräner, weil man weiß, man hat ein Handwerkszeug, wo man solche konfliktreichen Situationen auch mit händeln kann, sage ich jetzt mal. Doch. Trägt bei zur Förderung von Toleranz. Ja, würde ich auch zustimmen."* (613-621)

Person M4: Mediation als „Werkzeug, was [...] schult, [...] die Bedürfnisse zu sehen" (1175-1179) und der damit verbundene Zugewinn an „Handlungsfähigkeit" (200-201) und „Wertschätzungsfähigkeit" (205)

Person M4 schildert als eine Beispielsituation für einen Kompetenzerwerb das Verhältnis zu ihrer Mutter:

> *„Ich hab gemerkt, dass sich (-) äh (-) dass alte Konfliktherde, die mich wirklich schon mein ganzes Leben lang begleiten, Konfliktsituationen, die ich mit meiner Mutter im Speziellen auszutragen hatte, dass sich die schlichtweg aufgelöst haben.*
>
> *Ja, weil ich plötzlich in der Lage war, ihr zuzuhören und ihr auch den, ähm, (-) ja, sie einfach da stehen zu lassen, wo sie steht, und mich da draußen vor zu lassen. Also wenn sie etwas sagt, was mich sonst immer auf die Palme gebracht hat, hab ich jetzt gelernt, zu sagen: Das ist etwas, was bei ihr passiert.*
>
> *Und ich konnte ihr so zuhören, so offen, (---) also das hat mir die Offenheit dazu gegeben, wenn ich persönlich angegriffen war, war ich so offen, wirklich ihre Ängste dahinter zu hören."* (102-111)

Allgemein resümiert sie:

> *„Und ich merke auch, dass ich Konflikte ganz anders, ähm (-) wahrnehme und löse. Dass ich mich selber besser schützen kann, und als Folge daraus offener bin für die Bedürfnisse der Anderen."* (117-119)

Person M4 benennt im Weiteren noch berufliche Beispiele, die Erleichterung des interreligiösen Dialogs (139-141, 158-169, 192-196) und die Erleichterung im Alltag allgemein als Wirkung der Mediationsausbildung (210-220). Sie betont dabei den Zugewinn an *„Handlungsfähigkeit"* (200-201) und *„Wertschätzungsfähigkeit"* (205).

Für eine Steigerung von Toleranz und Ambiguitätstoleranz finden sich klare Bestätigungen (1158-1180, 231ff). Es lassen sich überdies Aussagen heranziehen, die die Klärung der eigenen Identität als Grundlage für die Würdigung der Identität anderer beschreiben (446-471) und eine Verbindung zwischen Schutz und Offenheit v.a. für andere erläutern (267-/279-280). Im Zusammenhang mit dem beschriebenen Gefühl, sich besser schützen zu können, benennt sie ebenfalls (wie o.g. Zitat bereits erkennen lässt) den Zugewinn an Sicherheit im Umgang mit Konflikten (293-294) und führt weitere Beispiele für Souveränität in potentiellen Konfliktsituationen des Alltags an (834-856). Sie resümiert:

„Im Grunde habe ich das alles schon gesagt. Dass ich gelassener geworden bin, dass Konflikte mich nicht mehr so treffen. Ich hab im Anfang immer gesagt: Ich kann mich besser schützen.

Aber vielleicht ist es eben tatsächlich mehr dieses: Ich kann das bei dem Anderen lassen, und kann deshalb auch offener sein, weil ich mich gar nicht mehr schützen muss.

Ja, also ich bin souveräner geworden, und ich denke, für meinen Beruf, ich werd höchstwahrscheinlich Krankenhaus-Seelsorgerin werden, ist es eigentlich der Grundstein. Ja, das kann ich jetzt sagen." (1014-1020)

Bei Betrachtung der Forschungshypothese begründet Person M4 ihre Zustimmung (1133-1135) und die Klassifikation von Mediationsausbildung als Training zur Entwicklung von Ambiguitätstoleranz, Toleranz und Souveränität damit, dass Mediation

„ein Werkzeug ist, was [...] schult, genau an der Stelle so zu gucken, also die Bedürfnisse zu sehen. Und die Bedürfnisse sind natürlich denn wieder eindeutig. Aber die passen nicht in die Kategorie Schwarz-Weiß. Bedürfnisse stehen an sich. Also darüber gibt's einfach nichts zu diskutieren. Das ist einfach so. Und Bedürfnisse passen auch nicht in Vorurteile rein. Also es ist einfach eine andere Kategorie. Und deshalb trainiert es das, denk ich, schon." (1175-1181)

Sie betont für sich *„Konfliktfreude"* als einen über die Erleichterung und Souveränität hinausgehenden gewonnenen Aspekt. (1134-1158)

Person Exp 1: Konfliktkompetenzentwicklung und Kontaktfähigkeitssteigerung durch Mediationsausbildung – Die Haltungsänderung, ‚nicht immer verändern zu wollen', sich auf Diversität im Alltag einstellen und einlassen zu können

Aussagen aus dem Expert/inn/eninterview bieten eine Beschreibung der in These 2 benannten Kompetenzen als Haltung in der Mediation.(162-183) Person Exp 1 beschreibt als Beobachtung bei sich selbst, d.h. im Zusammenhang mit ihrer eigenen Mediationsausbildung Konfliktkompetenzentwicklung und Kontaktfähigkeitssteigerung (328-338):

„Sie hat mein ganzes Leben verändert. Also meine ganze Konfliktkultur hat sich verändert. Ich wurde dadurch viel konfliktfreudiger [...]

Das heißt, ich hab mich mehr getraut, in Konflikte reinzugehen. Ich hab mich auch mehr getraut, Konflikte anzusprechen. Ich hab mich auch mehr getraut, meine Positionen einzunehmen. Und nicht zu harmonisieren, klein beizugeben.

Und es hat mein ganzes Kommunikationsverhalten auch ganz stark verändert. Und dadurch ist es leichter, mit anderen in Kontakt zu kommen."(328-338).

Aus der Ausbilder/inn/enperspektive beschreibt Person Exp 1:

„Also ich beobachte bei fast allen ... also nicht bei allen, aber bei vielen, (-) den meisten, würde ich fast sagen, eine starke persönliche Entwicklung.

Also in den Beziehungen, die werden neu definiert, die werden manchmal auch getrennt. Ein neues Bewusstsein für Kontakte und Verständigungen. Neues Bewusstsein für Konfliktlösungen oder Konflikte überhaupt. Eine andere Wahrnehmung für Konflikte.

Beruflich verändert sich auch ganz häufig viel bei den Leuten. Also dass sie sich plötzlich ganz toll weiter entwickeln oder neu Platz finden [...], je nachdem. Und dass viele mir immer wieder bestätigen, dass sie das auch immer wieder einsetzen. Auch unabhängig von dem, ob sie das jetzt professionell verwenden oder nicht. Im Alltag, in Gesprächen, auf der Arbeit, in der Familie, in der Partnerschaft, wo auch immer. "(343-353)

Person Exp 1 beschreibt als Wirkungen von Mediationsausbildung zusammenfassend eine Erhöhung von Toleranz und Akzeptanz von Fremd- und Andersartigkeit (369-377) und die Haltungsänderung ‚nicht immer verändern zu wollen', sich auf andere Kulturen einstellen und einlassen zu können (377-387). Sie begründet die Kompetenzentwicklung durch entsprechende Inhalte in der Ausbildung, das Erlernen und Trainieren der Haltung in Rollenspielen und durch Selbstreflexion. (394-404) Vertiefend betont sie die Bedeutung der Selbstreflexion für die Entwicklung von Toleranz und Akzeptanz (406-415). Als Kernpunkt mediativer Deeskalation erklärt sie das Prinzip des ‚über die Brücke Führens'[37] als Steigerung der Fähigkeit zu Toleranz und Akzeptanz. (556-604) Die Erhöhung von Akzeptanz, Verständnis und Gelassenheit beschreibt sie zusammenfas-

---

[37] Dies meint im Zusammenhang mit dem Ausbildungskonzept, eine Konfliktpartei in der Mediation durch Aktives Zuhören und klärende, konkretisierende, unterstützende Fragen in eine gefühlte Klarheit über die konkrete persönliche Situation, beteiligte Gefühle und individuelle Bedürfnisse zu begleiten. (vgl. hierzu: Klappenbach 2009b, S. 140ff)

send als Konfliktkompetenzsteigerung, als Souveränität im Umgang mit Konflikten. (622-630) Der Forschungshypothese, die sie nach dem Interview selbst laut vorliest, stimmt sie zu. Zum Aspekt Ambiguitätstoleranz kommentiert sie:

„Ich denke, das ist richtig, was Du da schreibst. ((...)) Ja. Genau.
Weil im Grunde geht auch Mediation von diesem Ambiguitäts-Modell aus. Dass (nämlich) jeder ein Teil des Ganzen ist. (Wir gehen) ja nicht von der Gewinner-Verlierer-Position aus sondern von der Gewinner-Gewinner-Position.

Das heißt: Jeder nimmt etwas mit aus der Mediation. Was jetzt nicht unbedingt immer heißt [...] hundertprozentige Zufriedenheit auf allen Seiten. (-) Das passiert vielleicht nicht immer. Aber es ist immerhin auch eine Erfahrung, die stattfindet. Ja. Von daher finde ich es richtig. Das stimmt." (816-823)

Zusammenfassung: Ambiguitätstoleranz, Toleranz und Souveränität im Umgang mit Diversität als Handwerkszeug zum Brückenbau

Zusammenfassen lässt sich zu These 2[38], dass das Interviewmaterial ausschließlich bestätigend ist. Die Interviewten schildern im narrativen Teil diverse Beispiele dafür, dass eine Erweiterung der interkulturellen Kompetenz durch Mediation die Ambiguitätstoleranz, Toleranz und Souveränität im Umgang mit schwierigen und in konfliktreichen Situationen stärkt. Als Merkmale für diese Wirkensweise werden insbesondere Haltungselemente betont: Neutralität, Präsenz, Bedürfnisorientierung, persönliche Akzeptanz bzw. das ‚Annehmen von Menschlichkeit' (M2), der damit verbundene Grundsatz von Wertschätzung statt Bewertung, eine vollständigere bzw. differenzierte Wahrnehmung und Unterscheidung von Sachebene und Gefühlsebene und das Deeskalationspotential, welches sich darin findet. Erklärt wird dieser Effekt u.a. dadurch, dass ein eine Klärung der eigenen Identität dazu beiträgt, sich mit und in sich selbst sicherer zu fühlen. Das Interviewmaterial lässt sich dahingehend interpretieren, dass hier das Gefühl persönlicher Integrität insofern eine entscheidende Rolle spielt, als dass das damit in Verbindung stehende empfundene ‚in sich selbst geschützt sein' die Offenheit für andere Menschen erhöht und eine grundsätzliche Würdigung von deren individueller Identität erhöht.

Ein ‚mediatives' Herangehen wird als Alternative zu einem bewertenden Herangehen beschrieben – ein möglicher Ersatz für dessen Orientierungsfunktion zugunsten eines Zuwachses an Gelassenheit und Offenheit im Miteinander. Die MediatorInnen berichten, nach der Ausbildung weniger Angst bis hin zu Konfliktfreude bei sich beobachtet zu haben, was sich mit Souveränität im Umgang mit Konflikten und anhand der Beispiele, die sie dafür anführen auch auf den

---

38 Siehe auch inhaltliche Ausführungen zu Hypothese 5

Umgang mit Diversität beziehen lässt. Der Transfer des Erworbenen wird als Herausforderung (M2) thematisiert, wobei zumindest die mithilfe der Mediationsausbildung erworbene Haltung als in den Alltag transferierbar (M1) beschrieben wird.

Fokussiert wird in den Interviewantworten der Umgang mit Bedürfnissen als ein Weg aus dem Schwarz-Weiß-Denken heraus: Mediation wird als ein Werkzeug dazu beschrieben. Toleranz, Ambiguitätstoleranz und Souveränität im Umgang mit Konflikten, konfliktträchtigen Situationen wie auch mit zwischenmenschlichen Erfahrungen mit Diversität werden als Bestandteile einer ‚mediativen Haltung' (vgl. Klappenbach 2006/11) kategorisiert. Anhand von unterschiedlichen Beispielen wird darauf verwiesen, dass zwar Bedürfnisse wie auch Werte nicht verhandelbar sind, sich aber etwas ändert, wenn sie ausgesprochen werden (können). Dass sich die Konfliktkultur verändert und auf dieser Basis eine Gelassenheit (eher) möglich ist, die die wiederholt angesprochene Konfliktfreude möglich macht. Souveränität wird beschrieben als ‚Mutmacherin' für klare Positionierungen. Es lässt sich aus den angeführten Beispielen schlussfolgern, dass diese Klarheit eine Flexibilität im Umgang mit eigenen Positionierungen möglich macht und dass vor allem dies eine Grundlage für die als erleichtert beschriebene Möglichkeit, mit anderen in Kontakt zu kommen, darstellt. Diese wird beschrieben als ein durch Selbstreflexion und Wachheit geprägtes Bewusstsein für Kontakte und Verständigungen, die auf Basis einer neuen (im Verlauf der Mediationsausbildung veränderten) Wahrnehmung für Konflikte und Konfliktlösungen privater, wie auch beruflicher Art.

Reflektiert wird im Zusammenhang mit These 2 auch der Zusammenhang zwischen Mediation und Interkultureller Kompetenz: M2 kategorisiert Mediation als Bestandteil Interkultureller Kompetenz, der das Interesse und das Verständnis dem anderen gegenüber fördert und Wege bietet, dies umzusetzen. Die für die Mediation charakteristische Win-Win-Perspektive (vgl. Klappenbach 2006/11, S. 82ff) wird als Beispiel dafür herangezogen, dass Ambiguitätstoleranz einen Grundsatz für das Mediationsmodell bildet, welches davon ausgeht, dass jeder Beteiligte ein Element des Ganzen ist und zum Ganzen beiträgt.[39]

---

39 Ergänzend und erklärend lässt sich hier das in Klappenbach 2009b dargestellte Bild des Brückenbaus in der Mediation heranziehen (vgl. ebd. S. 249).

2.1.3 Bestehender Bedarf an beruflicher Qualifizierung in mediativer interkultureller Kompetenz (Hypothese 3)

„Es gibt einen Bedarf/ein Interesse nach beruflicher Qualifizierung für interkulturelle Mediation, der durch die bisher bestehenden Angebote in Deutschland nicht ausreichend gedeckt ist. Die Differenz zwischen beruflichen Anforderungen und vorhandener Kompetenz kann durch ein Qualifizierungsangebot verkleinert werden."

Person M1: Kompetenzbedarf allgemein im Beruf als Ursprung für die Entscheidung zur Mediationsausbildung

Person M1 beschreibt den Kompetenzbedarf allgemein im Beruf als Ursprung für ihre Entscheidung zur Mediationsausbildung. (60-66) Weitere Erläuterungen finden sich in den Anmerkungen zu Hypothese 4.

Person M2: Interesse an einem Ausbildungsangebot ‚Mediation für interkulturelle, berufliche Qualifikation' zum Management alltäglicher Situationen ‚interkulturellen Mobbings'

Person M2 bestätigt den Bedarf durch mehrfachen Verweis daraus, dass sie das Thema Interkulturelle Mediation in ihrer Diplomarbeit nachbearbeitet hat, weil es in der Ausbildung zu kurz gekommen sei (140-141).[40] Sie erläutert den Bedarf v.a. am Beispiel ihres Tätigkeitsfeldes Schule (151-169)[41] und führt alltägliche Situationen ‚interkulturellen Mobbings' an (189-192). Deutlich wird, dass es v.a. um den alltäglichen Umgang mit und das allgemeine schulisch-institutionelle Management von internationaler Diversität geht. Ihr Kommentar zu einem Ausbildungsangebot ‚Mediation für interkulturelle, berufliche Qualifikation': *„Wäre super interessant."* (668) Bei Vorlage der These stimmt sie zu (834) und vermerkt zusätzlich einen Mangel an der Etablierung von Mediation im Allgemeinen:

„Ja. Stimme ich auch zu. Weil eben halt auch Mediation als Methode- (-) Also ich merke das selber, wenn ich dann erkläre: Was mache ich denn da? (-) Also wissen viele Leute nicht, was ist das überhaupt? Also die Information darüber, dass es sowas gibt grundlegend, ist in Deutschland noch nicht so herauskristallisiert." (834-837)

---

40 vgl. Hypothese 4
41 vgl. Hypothesen 4 und 1

Person M3: Spiegelung des Bedarfs in der Nachfrage und im Teilnehmenden-Engagement

Person M3 kommentiert mit Blick auf ihren Arbeitsbereich (Street Work) die Existenz von Angeboten: *„in Bezug auf Mediation interkulturell überhaupt nicht, nee"* (205-206). Sie beschreibt ihr Erleben, dass sich der Bedarf in der Nachfrage und auch im Teilnehmenden-Engagement spiegele, sieht dementsprechend wenig bzw. kein explizites Angebot. (196-220) Der These stimmt sie am Ende des Interviews zu. (630)

Person M4: Die Nutzung des Angebotes mediatorischer Kompetenz als „Öl im Getriebe" (1212)

Im Interview mit Person M4 findet sich zu Hypothese 3 die folgende Stellungnahme:

„Da muss ich echt sagen: Hab ich zu wenig Erfahrung, wie viel Angebot und wie viel Bedarf es gibt.

Denn ich stehe einfach überhaupt nicht in diesem, also ich denke, dass es überall helfen kann. Sowie ich auch denke, dass Seelsorge überall helfen kann.

Also das hab ich jetzt im Krankenhaus so erlebt. Wenn man nicht auf die Station geht als Seelsorgerin, dann brauchen die einen auch nicht. Dann organisieren sie sich irgendwie selber mit sich selbst, nicht untereinander, aber dann wird da einfach nicht drüber gesprochen. Dann besteht dieser Bedarf nicht. Ist aber jemand da, dem man was sagen kann, dann ist das plötzlich wie so'n Brunnen, der nicht mehr aufhört zu sprudeln. Und wenn man dann nicht mehr da ist, dann geht es auch ohne.

Aber es tut unendlich gut, dafür Raum zu haben, um über vielleicht Konflikte innerhalb der Arbeit oder mit Patienten oder mit Trauer, oder es ist jemand gestorben von den Patienten, dem man komischerweise ganz nahe war. Wie geht man damit um und so was? Dass ich denke, genauso wie Seelsorge im Krankenhaus. Eigentlich wenn sie angeboten wird, wird sie genommen.

Genauso ist das mit Mediation auch. Es klappt irgendwie ohne, ich meine, irgendwie 2000 Jahre haben wir uns so durchgewurschtelt. Aber wenn es da ist, tut es so unendlich gut. Und so denke ich auch, dass sie es überall bräuchten.

Aber wie die Differenz zwischen beruflichen Anforderungen und vorhandener Kompetenz ist, das kann ich aber nicht sagen, weil ich da zu wenig im Berufsleben drin bin." (1189-1206)

Auf die Nachfrage, was Mediation bewirkt, wenn sie angeboten wird, antwortet sie:

„Es fließt mehr. Es ist wie Öl im Getriebe.

Ich denke, wenn ich jetzt im beruflichen Umfeld so 'ne Station mir anschaue, und ich merke, dass da jemand wirklich schwer dran zu kämpfen hat, dass da jemand gestorben ist, und das auch noch so ein paar Tage dauert, und das noch nachklingt, und das auch spätere Erfahrungen mit beeinflusst ... Also wie ich Erfahrungen sehe, wie ich den Umgang mit anderen sehe, dann kann Seelsorge da was zum Fließen bringen. Und Mediation noch viel viel mehr. [...] Durch die Moderation, durch die Haltung, dass plötzlich ein Raum dafür da ist.

Also der Sand im Getriebe ist ja etwas, was da ist, und wofür kein Raum da ist. Was aber trotzdem wirkt, weil es eben da ist. Und wenn Du Raum dazu hast, das mal zu sagen, dann hat sich dieser Sand aufgelöst. Es ist wie 'ne Reinigung. Und dann läuft es wieder leichter. So würde ich das wahrnehmen für mich." (1212-1228)

Person Exp 1: Erweiterung des Ausbildungsangebotes als notwendig auf Grundlage des vorhandenen Bedarfs

Aussagen aus dem Expert/inn/eninterview bestätigen die Erweiterung des Ausbildungsangebotes als notwendig auf Grundlage des vorhandenen Bedarfs:

„ich denke, das könnte noch ausgebaut werden. Also wir werden das in jedem Fall nächstes Jahr in Angriff nehmen". (441-442)

Zusammenfassung: Bedarf an mediativer interkultureller Kompetenzerweiterung

An diversen Beispielen beschreiben die Interviewten, dass sie einen Bedarf an beruflicher Qualifizierung in mediativer interkultureller Kompetenz in ihrer beruflichen Praxis wahrnehmen. Es wird darauf verwiesen, dass diese Bedarfslage auch für sie Anlass war, eine Mediationsausbildung zu beginnen. Weitere Erläuterungen sind in den Schlussfolgerungen zu Hypothese 4 zusammengefasst.

2.1.4 Nachfrage und Angebot im Vergleich (Hypothese 4)

„In den bestehenden Angeboten zur Mediationsausbildung kommt die interkulturelle Kompetenz zu kurz, wenn dieser Begriff nicht auf interkulturelle Kommunikation begrenzt wird, sondern berücksichtigt, dass auch Alltag, Denkprozesse und Empfindungen in Abhängigkeit zur jeweiligen Kultur bestehen und in Interkulturelle Kompetenz miteinbezogen sind. Gemessen an der Nachfrage nach beruflicher Qualifizierung für Mediation im interkulturellen Arbeitsbereich gibt es zu wenig Angebote."

Person M1: Bestätigung der These

Bei Person M1 finden sich in Ergänzung zu den bereits beschriebenen Bemerkungen, die die These aus ihrer Perspektive heraus als an sich bestätigt kennzeichnen keine weiteren spezifischen Aussagen.

Person M2: Mediationsausbildungserweiterung durch Interkulturelle Kompetenz oder erweiterte Mediationsausbildung durch explizite Inhalte Interkultureller Kompetenz

Person M2 äussert, dass sie interkulturelle Mediation nicht als Schwerpunkt in ihrer Ausbildung empfunden und diesen daher aufgrund ihres eigenen Bedarfes in der schulischen Arbeit mit Hilfe ihrer Diplomarbeit selbst vertieft hat (124-146).[42] Es finden sich diverse Aussagen zur klaren Bestätigung der These (196-202) und weitere Erläuterungen am Beispiel Schule (151-152). Inhalte für eine Mediationsausbildungserweiterung durch Interkulturelle Kompetenz oder auch eine erweiterte Mediationsausbildung mit erweiterten Inhalten Interkultureller Kompetenz (673-706), für die sie den Rahmen Universität als geeignet beschreibt (207-216), sollten ihrer Meinung nach sein: Wissen in Bezug auf kulturelle Hintergründe und die Auseinandersetzung mit Ethnologie, Geschichte, Emi- und Immigration (689-691), Körpersprache, Glaubensrichtungen und Traditionen als ‚Interkulturelles Wissen' sowie die Möglichkeit zum Austausch (699-701). Begründungen dafür findet sie am Beispiel Schule, im Umgang mit Lehrer/inne/n bzw. deren Situation anhand der ‚muslimischen Bewertung von Genderhierarchien'. (710-717) Sie bestätigt die These klar am Ende des Interviews.

Person M3: Bezug zu den interkulturellen Anwendungsmöglichkeiten der Mediation in der Ausbildung im Vergleich zum Bedarf gering

Person M3 bewertet den Bezug zu den interkulturellen Anwendungsmöglichkeiten der Mediation in ihrer Mediationsausbildung als gering und den Bedarf als vorhanden. (175-220) Sie stimmt Hypothese 4 mit Bezugnahme auf Inhalte der Forschungshypothese 3 zu:

„*Ja. Richtig. Sehe ich auch so. [...] Genau. Stimmt. Also dass man eben auch den ((...)) Denkprozess, genau wie es hier steht [...] einbeziehen muss in der Ausbildung denn. Und das ja nachher auch dazu führt, dass man eben auch mehr Toleranz den ausländischen Mitbürgern gegenüber aufbringen kann." (641-645)*

Person M4: Grundsätzlicher Bedarf an Mediation

Person M4 verortet einen grundsätzlichen Bedarf an Mediation (1269-1282). Das Gespräch zu Hypothese 4 am Ende des Interviews gestaltet sich mit ihr wie folgt:

---

42 vgl. Hypothese 3

„Also wenn ich eine Mediationsausbildung mache, egal wie, würd ich erst mal sagen: Ist es immer etwas, was die interkulturelle Kompetenz stärkt. Und deshalb würd ich sagen, wenn jemand eine Mediationsausbildung macht, egal welche, stärkt das auch die interkulturelle Kompetenz. Und deshalb sind die bestehenden Angebote ((...)) erst mal nicht zu kurz kommen, weil sie insgesamt erst mal interkulturell wirksam sind. Wenn jemand mediiert, ist er interkulturell tätig. Das ist jetzt der große, umfassende Begriff von interkultureller Kommunikation.

I: Du glaubst, dass es eben in Mediation grundsätzlich ganz viele Angebote gibt, und deshalb- Weil das schon abgedeckt wird mit dem interkulturellen Schwerpunkt?

MED 4: Also Mediation wird zu wenig angeboten. Das glaube ich. Weiß ich ja nicht wirklich, aber ich hab davon bisher wenig gehört. Und ich weiß, dass es gut tut. Das könnte also mehr sein. Aber wenn jemand eine Mediationsausbildung macht, und dann nicht speziell interkulturell das reflektiert wird, was sicherlich noch sinnvoll wäre, ist die Mediationsausbildung an sich schon etwas, was die Interkulturelle Kompetenz stärkt. Das glaube ich. Also auch, wenn das jetzt nicht speziell noch vertieft wird, in Bezug auf unterschiedliche Ethnien, unterschiedliche religiöse Hintergründe usw. Wenn das nicht noch mal verstärkt hervorgehoben wird in der Mediation, hat man, wenn man eine Mediationsausbildung macht, schon ein Handwerkszeug, sich auch so einer Situation dann wirklich zu stellen. Deshalb finde ich diese Frage etwas schwierig. Ich glaube, es gibt zu wenig Angebote. Aber nicht gemessen an der Nachfrage nach beruflicher Qualifikation ((...)) jetzt im interkulturellen Arbeitsbereich. ((...)) grundsätzlich. Also das ist meine Meinung, was damit für den interkulturellen Arbeitsbereich natürlich auch eine Aussage hat, weil für den gibt's auch zu wenig.

I: Also grundsätzlich?

MED 4: Ja. Da denk ich, da ist noch viel mehr nötig. Und da kann noch viel mehr passieren.

I: Wie schätzt Du das ein mit der Klarheit der Anwendung auf interkulturelle Bereiche?

MED 4: Was meinst Du damit?

I: (-) Also wenn jetzt jemand im interkulturellen Arbeitsbereich tätig ist, er merkt, er hat jetzt sehr viel Theorie gehabt im Studium, und er fühlt sich einfach unsicher. Denkst Du, dass es so weit ist, ohne Wertung jetzt, (-) dass er weiß, dass Mediation ihm helfen würde?

MED 4: Mittlerweile?

I: Also jetzt.

MED 4: Naja. Wenn dieser Mensch wirklich, (-) wenn er sich dann wirklich Hilfe holt, dann wird er das ja wohl- Oder fragt, untersucht, da wird er auf jeden Fall auf Mediation kommen. Aber ich denke, dass Mediation insgesamt noch nicht so präsent ist, wie es sein könnte, um wirklich- (---) Dass jemand nicht sagt: Also ich bräuchte da noch ein bisschen Praxisübungen, was könnte ich denn machen? Sondern dass dieser Jemand sagt: Ich brauch jetzt noch 'ne Mediationsausbildung.

I: Glaubst Du, das ist noch nicht der Fall?

MED 4: Nee.

I: Würdest Du Dir das wünschen?

MED 4: Ja. Na klar. Also ich meine, als MediatorIn, und so wie ich denke, dass es mir gut getan hat, kann ich das natürlich anderen auch nur wünschen. War's das zum Punkt vier?

I: Ja. Oder hattest Du noch was zu ergänzen?

MED 4: Nee. Eigentlich nicht." (1257-1321)

Person Exp 1: ‚Im Grunde machen wir alle interkulturelle Mediation. Aber es wird nicht so genannt und ich denke, man sollte das Angebot noch mal aufgreifen.' (943-947)

Person Exp 1 berichtet, dass interkulturelle Kompetenz in ihrer eigenen Mediationsausbildung Mitte der 1990er Jahre noch nicht explizit Inhalt war (92-107), sie heute aber wesentlicher Bestandteil des Ausbildungskonzeptes ihres Institutes ist (138ff)[43]. Im Interview bestätigt sie die These und berichtet von einer entsprechenden Planung der Erweiterung des eigenen Ausbildungsangebotes. Als mögliche zusätzliche Inhalte zählt sie Wissen über Kulturen im Sinne von ‚über verschiedene Kulturen sprechen', die Reflexion der Verständigungs- und Begegnungsmöglichkeiten sowie von Individuen- und Gruppenprägung (479-497) auf. Sie bestätigt die These beim Lesen und kommentiert:

„Das ist richtig. (---) Ja, würde ich schon sagen, dass das stimmig ist. Weil im Grunde machen wir alle interkulturelle Mediation. Aber es wird nicht so genannt, sagen wir das mal so. (-) Ja, und ich denke, man sollte das Angebot noch mal (aufgreifen). Also hab ich ja schon gesagt, wir machen das auch. Und ich denke, auch im universitären Bereich ist das sehr spannend." (943-947)

Ergänzende Zusammenfassung: Etablierung der Angebote anhand der Nachfragesituation

Mit Blick auf die aktuelle Situation kann man hier ergänzend zusammenfassen, dass es 2011 zahlreiche Angebote spezialisierter Ausbildungen im Bereich Interkultureller Mediation bzw. Mediation in interkulturellen Konflikten gibt. Zum Zeitpunkt der Interviews gab es das noch nicht. Die Viadrina-Universität hat hier insbesondere Schwerpunkte gesetzt. Im Rahmen der integrativen Mediationsausbildung an der Freien Universität Berlin wurden die herangezogenen Inhalte herkömmlicher Mediationsausbildungsmodelle dahingehend erweitert, die Entwicklung mediativer und interkultureller Kompetenz gefördert. Die Nachfrage an Mediation wie auch an Angeboten zu mediativer und interkultureller Kompetenzerweiterung ist nach wie vor groß. Für beide Kompetenzentwicklungsangebote ließ sich zu Beginn des Angebotes ein regelrechter Boom beobachten. Inzwi-

---

43 vgl. M4: späterer Ausbildungsdurchgang

schen lassen sie sich als etabliert beschreiben. Mit der aktuellen Einführung des Mediationsgesetzes erweitern sich darüber hinaus die Perspektiven im Bereich Mediation sowie die beruflichen Perspektiven für Mediator/inn/en.

2.1.5 Vorteile der Kompetenzvermittlung im universitären Rahmen (Hypothese 5)

„Es ist sinnvoll, Mediation als interkulturelle Kompetenz im universitären Rahmen zu vermitteln, da Synergieeffekte und vorhandene Ressourcen genutzt werden können und ein Austausch zwischen Praxis und Forschung gefördert wird."

Person M1: Möglichkeiten zu Gewaltprävention und Schneeballeffekt

In Ergänzung zu ihren Aussagen zu Vermittlung, Inhalten und Rahmenbedingungen stimmt Person M1 der These an sich klar zu. Sie verweist auf die Möglichkeiten zur Gewaltprävention und einen möglichen Schneeballeffekt:

„Ja, also grundsätzlich ja, weil ich überzeugt bin, dass Möglichkeiten [...] mit einer mediativen Haltung oder mit auch Verhandlungsführung, Problemlösungsverhalten, dass es uns als Gesellschaft mangelt daran, sowas intensiver zu nutzen.

Also es würde ja nicht so furchtbar viel Gewalt und so furchtbar viel Streitigkeiten geben, wenn wir alle dieses Know How hätten.

Und ich denke, gerade wenn man davon ausgeht, dass ja an Universitäten auch oft Menschen ausgebildet werden, die Führungspositionen einnehmen, die sich vorstellen, auch mal gehobenere Positionen einzunehmen, die Vorbilder sind, die fürs Lehramt studieren.

Also ich denke insbesondere an Schulen. Da ist das Thema Mediation und Streitschlichtung, Konfliktlotsen ja ein ganz ganz wesentliches. Es gibt ja viel Gewalt an Schulen, die so viele Menschen hilflos macht.

Und da denke ich, das wäre nicht nur wünschenswert, sondern ganz wesentlich, dass Lehrende, also an Schulen, an (-) was weiß ich in Kindergärten, bis hin zu (-) Universitäten und anderen Ausbildungsstätten lernen, dass man so bestimmte Komponenten der Mediation benutzen kann." (438-451)[44]

Person M2: Synergieeffekte und Nutzbarkeit von Ressourcen durch den gewinnbringenden Austausch zwischen Praxis und Wissenschaft

Person M2 bestätigt die These in ihren Aussagen ebenfalls. Sie verweist auf Synergieeffekte und die Nutzbarkeit von Ressourcen, den gewinnbringenden Aus-

---

[44] Dieses Zitat lässt sich ebenfalls als Befürwortung des Ansatzes, durch Mediationsausbildung von ErziehungswissenschaftlerInnen Diversitätsmanagement in Deutschland zu unterstützen (vgl. Klappenbach 2009b, S.11ff) heranziehen.

tausch zwischen Praxis und Wissenschaft (207-216). Es finden sich Bestätigung und Begründung in der folgenden Passage, die hier exemplarisch durch ihre Verweise auf den Kontext Diversitätsmanagement herangezogenen wird:

> *„MED 2: Ja, also ich würde mir das wünschen, dieses Handwerkszeug der mediativen Kommunikation, dass das jeder für sich beansprucht und auch so 'n Studiengang besetzt. Weil erst so kann sich was verändern. Weil: Ich bin davon einfach überzeugt. (-) Man kann diese Mediationsausbildung auch erweitern. Und man kann mit Betonen des NLP, mit Supervision, also (-) Moderation. (-) Man kann so viele Sachen machen. Und (-) Kommunikation ist einfach im eigenen Zuhause geboren und ist subjektiv mit den eigenen Erfahrungen behaftet. Und manchmal auch mit falschen Glaubenssätzen. Und das stört einfach das Miteinander.*
>
> *I: Wo siehst Du denn den konkreten Nutzen von Mediation, (---) also wenn Du interkulturell arbeitest wie in dieser Schulstation?*
>
> *MED 2: Ja. Na, dass Kommunikation wieder richtig in Gang kommt. Wir leben in einem technisch-, technokratischen Zeitalter. Auch ein Stück weit immer den Hang zur Oberflächlichkeit. Und Werte und Norm haben sich verändert. Wir Menschen leben aber einfach zusammen, und Kommunikation findet so eigentlich nicht mehr so richtig statt.*
>
> *I: Und Du denkst, dass durch Mediation das so eine Möglichkeit wäre, die[*
>
> *MED 2:]erst mal in Gang zu bringen. Ja, das ist so ein Punkt. Also: erstmal die wieder in Gang zu kriegen. Und auch dem Gewaltpotenzial. (--) Also es entsteht ja auch sehr viel Aggression, wenn man nicht richtig kommunizieren kann, und man versteht sich nicht. Also ich denk mal, da geht der Gewaltpegel dann auch ein Stück weit mit runter."* (239-262)

Nach dem Blick auf die hypothetische Formulierung stimmt sie dieser zu (857) und erläutert im weiteren Gespräch:

> *„Auf jeden Fall. Also das, was ich im Rahmen der Diplomarbeit also an Literatur, also was ich da durchgeforstet hab, das ist eine Vielfältigkeit. (---) Jeder Autor hat seinen eigenen Fokus, und da packt er die Methode der Mediation rein. Jeder erklärt vom Anfang bis Ende. Hier ist das Ganze entstanden irgendwie. Hier ist es anwendbar, aber nur anwendbar mit der eigenen Autorenbrille. So. Und im interkulturellen Bereich, wie gesagt, hatte ich ja auch in der Diplomarbeit so einen kleinen Bereich abgedeckt, und da begegneten mir auch zu wenig. Es ist noch nicht ausgeschöpft. Das Thema ist angeschnitten in Deutschland, aber es ist noch nicht weiterentwickelt. Und wenn es im universitären Bereich mehr integriert wird, so kann man denn auch konkret den interkulturellen Bereich immer mehr erweitern. Da ist Bedarf ohne Ende. Weil: Ich empfinde alles in Deutschland erst mal in Anfängen."* (871-881)

Person M3: Offenheit und Bereitschaft der Teilnehmenden als grundsätzliche Voraussetzung für die Effekte der Mediationsausbildung

Aus dem Interview mit Person M3 geht ebenfalls eine Bestätigung der These hervor. Wie bereits erwähnt, verweist sie auf die Offenheit und Bereitschaft der

Teilnehmenden als grundsätzliche Voraussetzung für die Effekte der Mediationsausbildung[45].

Person M4: Potenzieren von Synergien durch ein zertifiziertes Ausbildungsangebot

Person M4 bestätigt die Hypothese im Verweis auf Amerika:

> *„In Amerika macht man das ja einfach so an der Universität, dass es dann solche Kurse gibt, die speziell das machen. Und nicht nur reine Wissensvermittlung, sondern dass sie sich da auch so ein Wochenende nehmen, dann so arbeiten."* (963-967)

In Bezug auf die Möglichkeit einer Zertifizierung solch eines universitären Ausbildungsangebotes in Mediation findet sich in ihren Äusserungen eine klare Befürwortung. (1084-1091) Ihre Reaktion auf den Text der Hypothese ist:

„Ja, ich muss hier sagen, also das hätt ich mir für mein Studium schon auch gewünscht. Dass jemand so meine vorhandenen Ressourcen mehr wertschätzt und fördert und da guckt, wie das mit Anderem zusammen wirken kann und sich gegenseitig quasi potenziert diese sogenannten Synergieeffekte. Bei mir wirkt das schon so, wenn ich dann was Praktisches arbeite (---). Oder die Mediation hat so gewirkt, dass ich plötzlich das Gefühl hatte: Ah, jetzt kriegt so vieles, was ich vorher gedacht und gemacht habe, einen Sinn. Und das potenziert natürlich auch meine Energie. Also ich wusste schon auch viel. Das hat natürlich irgendwo auch einen Sinn an sich, weil ich denk, ich brauch das irgendwann einmal. Aber da hat's plötzlich so einen wirklichen Sinn gekriegt. Und 'ne Sinnerfahrung ist doch erst mal schon was ganz Großes.

I: Was macht das dann?

MED 4: Es gibt mir noch mehr Energie.

I: Für die Arbeit dann oder?

MED 4: Ja, genau. Und ich bin dann zielgerichteter. Also ich kann viel klarer sagen: (-) Also mir ging das jetzt so, das ich das möchte und das nicht. Also ich weiß schon viel klarer, wo- = Also ich studiere nicht einfach so ohne zu wissen, was ich kann und will, sondern ich kann dann noch klarer sagen: Also da sind wirklich meine Stärken und da will ich hin.

I: Also würden dann als Begriffe Orientierung und Motivation stimmen?

MED 4: Ja. Genau. Aber das, denk ich, ist immer so, wenn Praxis und Forschung zusammenkommen." (1329-1355)

Person Exp 1: Grenzen der Mediation als interdisziplinär und durch dementsprechende Synergie-Effekte anzugehen

Person Exp 1 verweist im Hinblick auf das universitäre Angebot darauf, dass die Anerkennungsmöglichkeit durch den Bundesverband Mediation e.V. besteht,

---

45 vgl. Hypothese 2

wenn ein/e Ausbilder/in des Verbandes in der Leitungsfunktion einer solchen Ausbildung die Richtlinien wahrt. (632-649)

Mit dem Vermerk, dass Mediation für Menschen ohne akademischen Abschluss möglich ist, leitet sie ein weiteres Plädoyer für den Praxisanteil in der Ausbildung ein. (716-730) Grenzen der Mediation hält sie für interdisziplinär und durch dementsprechende Synergien anzugehen:

„Also zum Beispiel. (-) Wenn ich eine Mediation mache. Hatte ich neulich mal in einem kleinen Unternehmen von 6 Gesellschaftern, wo wir eine Mediation, also ein Gespräch geführt hatten. (-) 2. Phase. (-) Ja, und jeder hat was erzählt. (-)

Und es wurde ganz klar deutlich, da schwebt immer noch der alte, große Gesellschafter, der auch Gründer, Mitgründer war von diesen ganzen Dingen, der schwebte da noch mit rum. (-)

Und dann hab ich eine Intervention gemacht, eine systemische Intervention. Die haben sich alle erst mal von dem, (-) erstmal eben gesagt, was sie eben noch sagen wollten. Und sich dann von ihm verabschiedet. Dann hab ich den Stuhl vor die Tür gestellt.

Und das sind zum Beispiel so Sachen, (das sind Grenzen). (-) Wenn man so was dann nicht bearbeitet, kommt man zwar zu irgend einer Lösung. Und man würde vielleicht nach (Maßstäben) der Mediation sagen, ja, die Mediation ist erfolgreich verlaufen. Aber letztlich (verändert) es wenig im System. Soll ja Impulse setzen und Veränderungen herbeiführen, Bewegungen reinbringen, Stagnation aufheben usw. Und das sind so Grenzen.

Oder Grenzen juristischer Natur. Wo man sagen muss, o.k. Du musst zum Rechtsanwalt gehen. Oder steuerliche Geschichten. Also ich hab jetzt auch gerade eine GbR-GmbH-in-Trennungs-Mediation. Die muss (jemand) losschicken. Hier gibt's einen Steuerberater, geh zum Anwalt, red doch noch mal mit dem und mit dem anderen Gesellschafter und und und. (-)

Ja, also einfach eine Bewusstwerdung, nicht nur für die Kultur sondern auch für das ganze Drumherum. Und das macht das dann schon auch wieder komplex." (882-901)

Auf die verlesene Hypothese reagiert sie mit einem klaren: *„Ja, würde ich auch so sehen." (957)*

Zusammenfassung: Vorteile, Argumente und Umsetzungsrichtlinien für ein universitäres Kompetenzvermittlungsmodell

Die Interviewten bestätigen die Hypothese 5 und begründen anhand von Vorteilen eines universitären Kompetenzvermittlungsmodells. Die in den Aussagen betont als vorteilhaft bewerteten Argumente lassen sich hier insbesondere zusammenfassen:

- In Verbindung mit einer universitären Kompetenzvermittlung steht die Wahrscheinlichkeit eines Schneeballeffektes, weil potentielle Multiplikator/inn/en ausgebildet werden.

- Der gewinnbringende Austausch und die Verknüpfung von Wissenschaft und Praxis lassen fachliche Ressourcen erweitert nutzen und Synergien entstehen.
- Die in solch einem Modell beteiligten werden mithilfe des ‚mediativen Handwerkszeugs' dabei unterstützt, in Inhalten ihres Studiums auf Basis einer Klärung ihrer persönlichen Motivation und Interessen Verbindungslinien erweitert zu sehen und es im Ganzen gewinnbringend zu reflektieren. Durch dadurch geförderte Sinnerfahrungen und das die Ausbildung in mediatorischer Kompetenz kennzeichnende interdisziplinäre Herangehen lassen sich Synergieeffekte nicht nur fachlich, sondern auch auf persönlicher Ebene potenzieren.

In Bezug auf die Umsetzung eines universitären Kompetenzvermittlungsmodells wird auf Erfahrungen an amerikanischen Universitäten verwiesen und auf die Anerkennungsmöglichkeit durch den Bundesverband Mediation. Betont wird die Relevanz des Praxisanteils in der Ausbildung, der formalen sowie inhaltlichen Umsetzung der Standards, die die Berufsverbände für Mediation qualitätssichernd aufgestellt haben. Betont werden dabei insbesondere die Interdisziplinarität und die Vermittlung der rechtlichen Grundlagen für Mediation.

2.1.6 Übertragbarkeit von Ergebnissen aus der internationalen Friedensforschung (Auswertung des Datenmaterials zu Forschungshypothese 6)

„Ergebnisse aus der internationalen Friedensforschung können auch für ein Curriculum für Kompetenz in der interkulturellen Arbeit genutzt werden."

Die Tendenz der Kommentare in den Interviews zur vorliegenden These ist eine eher vorsichtig ausgesprochene bzw. ohne das Heranziehen von umfangreichen Argumenten gesprochene Zustimmung (M1,544-555: Bestätigung) (M2,864; 871-888: Zustimmung) (M3,660-696: Zustimmung mit Verweis auf wenig Kenntnis von Ergebnissen internationaler Friedensforschung, vgl. Kap. Zitat) (M4,1377-1414: Zustimmung).

Ergebnisse aus den Mediator/inn/eninterviews

In den narrativ angelegten Textpassagen gibt es kaum Bezugspunkte. Der konkreteste inhaltliche Hinweis findet sich unter den Mediator/inn/eninterviews bei Person M1 im folgenden Zitat:

„Das merkt man ja jetzt auch, wenn man irgendwo in der Politik Verhandlungsgeschichten sieht und ich mein, da ist ja auch ein ganz großes interkulturelles Feld, wenn man sieht, wie so zwischen streitenden Ländern und streitenden Bevölkerungsgruppen Verhandlungsführung stattfindet.

Da ist ja ganz wesentlich, dass man Pakete schnürt, so dass beide Seiten das Gefühl haben, sie werden beachtet, irgendetwas, was ihnen ganz wichtig ist, kommt zum Tragen und sie sind dann bereit, etwas anderes dafür herzugeben, so dass Befriedung stattfinden kann." (269-275)

Ergebnisse aus dem Expert/inn/eninterview

Im Expert/inn/eninterview findet sich als spontane Reaktion: *„Da wäre ich vorsichtig."* (964) und der Verweis auf die Einschränkung auf die Bereiche, die mit einer der Mediation ähnlichen Haltung arbeiten. Sie benennt als Beispiele die Gewaltfreie Kommunikation (GFK) nach Marshall B. Rosenberg (2002) und den Ansatz der Prozessorientierten Psychologie (POP) nach Mindell (1982). (1016-1019) Der Möglichkeit der Transferierbarkeit aus dem internationalen in den regionalen Alltag stimmt sie unter den genannten Voraussetzungen tendenziell zu. (1039-1058)

Zusammenfassung zu den Interviewergebnissen bezogen auf Hypothese 6

Zusammenfassend lässt sich aus dem Interviewmaterial schlussfolgern: Zu Hypothese 6 war wenig fundiertes Wissen bei den Gesprächspartner/inn/en M1 bis M4 vorhanden. Das Datenmaterial der vorliegenden Interviews hätte durch mindestens ein weiteres Expert/inn/eninterview ergänzt werden können und müssen, um als relevant einbezogen zu werden. InterviewpartnerInnen standen bereit. Es fanden auch informative Gespräche statt. Im Verlauf der weiteren Forschung fiel die Entscheidung, diesen Punkt hier nicht weiter vertiefend zu behandeln, da sich wie beschrieben andere zentrale Themen herauskristallisierten.

Auf Basis ihres individuellen Grundwissens stimmen die Interviewten ausnahmslos tendenziell zu. Auch im Expert/inn/eninterview, welches mit der Ausbildungsleitung Mediation BM geführt wurde, findet sich die Zustimmung zur Übertragbarkeit von Ergebnissen aus dem internationalen Bereich auf die regionale Ebene interkultureller Arbeit (beispielsweise in Berlin). Zusätzlich findet sich der Hinweis darauf, dass internationale Friedensarbeit sich von Mediationsarbeit insofern stark unterscheiden kann, als dass wie o.g. nur in einigen Bereichen (GFK, POP) mit einer der Mediation vergleichbaren Haltung resp. Herangehensweise gearbeitet wird.

In der (erweiterten) Literaturanalyse (vgl. Klappenbach 2006/11; 2009b) wurde deutlich, dass sich die Hypothese hinsichtlich des Einbezugs der Ergebnisse historisch insofern bestätigt, als dass die Friedens- und Konfliktforschung als Wurzel des heutigen Mediationskonzeptes beschrieben wird. Wesentlich für universitäre Ausbildungskonzepte ist, dass zumindest Grundkenntnisse zur Friedens- und Konfliktforschung zu vermitteln sind und darüber hinaus die Informationskompetenz, sich diesbezüglich weiter zu informieren, wenn es im Rahmen der zukünftigen Tätigkeit einer solchen Feldkompetenz bedarf.

2.1.7 Gesamtbetrachtung der Thesen

Dass sich bei der Untersuchung zur Wirksamkeit der Mediationsausbildung v.a. im Hinblick auf die Anforderungen an einen konstruktiven Umgang mit Diversität schnell Parallelen zur Entwicklung Interkultureller Kompetenz zeigten, erschien anhand der durch die fortschreitende Globalisierung und die Aktualität der Themen Interkulturelle Kompetenz und Mediation aktuellen Praxisanforderungen pädagogischer und sozialer Arbeit angemessen. Die Untersuchungen zum Thema Diversity-Kompetenz (Klappenbach 2009b,2010), in denen Vermittlungskonzepte zu mediativer Kompetenz, interkultureller Kompetenz und Diversity-Management analysiert wurden ergaben, dass Mediation im Sinne eines erweiterten Kulturbegriffs durchaus als eine Variante zum Diversitätsmanagement betrachtet werden kann. Dies spiegelt sich bereits in den Interviews.[46] Die Antworten hinsichtlich des Kompetenzzuwachses durch Mediationsausbildung lassen sich, wie hypothetisch angenommen, in die Kategorien Souveränität im Umgang mit Konflikten und als konflikthaft wahrgenommenen Situationen, Toleranz und Ambiguitätstoleranz einordnen.

Zu den Hypothesen 1, 3 und 4 kann zusammengefasst werden, dass der Bedarf sich anhand der Aussagen bestätigt. Die aktuelle Nachfrage und der Zuwachs an Angeboten untermauern dieses Ergebnis. Die zahlreichen bestätigenden Aussagen, die sich bezüglich Hypothese 2 in den Interviews finden, lassen sich hier um den Hinweis ergänzen, dass sich ein ebensolches Ergebnis abzeichnet, wenn vergleichend Artikel zur Wirksamkeit von Mediationsausbildungen herangezogen werden. Wie an entsprechender Stelle begründet, erscheint Hypothese 6 gemessen an der Aussagekraft des Datenmaterials als zu vernachlässigen. Die Grundaussage der These findet sich allerdings in der Literaturanalyse (vgl. Klappenbach 2006/11, S. 20f; 2009b, S. 165ff). Hypothese 5 (*„Es ist sinnvoll, Mediation als interkulturelle Kompetenz im universitären Rahmen zu vermitteln, da Synergieeffekte und vorhandene Ressourcen genutzt werden können und ein Austausch zwischen Praxis und Forschung gefördert wird."*), die zugleich Synthese und Schlussfolgerung aus den anderen Forschungshypothesen bildet, stellte sich anhand der Interviews als relevant und interessant sowie in der Umsetzung

---

46 und auch in der erweiterten Fragebogenstudie

zu erproben dar. Sie bildete den Schwerpunkt der Weiterführung der Forschungsarbeit. Davon ausgehend, dass auch die Befragung der Studierenden ein deutliches Interesse an einem derartigen Ausbildungsmodell ergab, wurde das integrative Ausbildungsmodell „Mediation in pädagogischen Handlungsfeldern" für den Fachbereich Erziehungswissenschaft und Psychologie im Rahmen der Umstrukturierung des Studiensystems für den Bachelor „Erziehung, Bildung und Qualitätssicherung" an der Freien Universität Berlin (Klappenbach 2002-2005) erstellt[47] Einbezogen wurden dabei auch die in den nachfolgenden Kapiteln dargestellten Antworten und Hinweise auf ausgewählte Forschungsfragen.

2.2 Ergebnisse zu den Forschungsfragen

In den Jahren, die seit Durchführung der Interviews bis heute vergangen sind, wurden zunehmend Angebote zu Mediation für interkulturelle Kompetenz angeboten: u.a. Mediation als Methode zur interkulturellen Kommunikation, mediative Kompetenz als Bestandteil Interkultureller Kompetenz, interkulturelle Kompetenz als Vermittlungsinhalt von Mediationsausbildungen, Mediation als Bestandteil der Vermittlung von Diversity-Kompetenz (vgl. Klappenbach 2009b). Den Angeboten liegt i.d.R. ein erweiterter Kulturbegriff zugrunde, der zur Begründung dafür genannt wird, dass Mediation eine Schlüsselkompetenz darstellt. Das Forschungsmaterial liefert hier ergänzend Inhalte, die zur Bestätigung herangezogen werden können.

Auswahl und Zusammenfassung weiteren Materials aus den Interviews wird an dieser Stelle anhand folgender Forschungsfragen gestaltet:

- Inwieweit eignet sich Mediationsausbildung zur Entwicklung von Diversity-Kompetenz?
- Welche Kompetenzen zum konstruktiven Umgang mit Diversität beschreiben die Befragten als Konsequenz der Mediationsausbildung (Wirksamkeitsaspekt)?
- Was sollte in einer Mediationsausbildung zum Umgang mit Diversität (noch) vermittelt werden?
- Was geht aus den Interviews zur Fragestellung nach geeigneten Akteur/inn/en für Diversitätsmanagement in Deutschland hervor?

---

47 Die Evaluation erfolgt(e) zum einen fachbereichsintern (vgl. Braun/Soellner/Hannover 2006;Braun/Hannover 2009), zum anderen mithilfe von Fragebögen im Rahmen der Begleitforschung (vgl. Abb. 1).

Diese Forschungsfragen geben zugleich Hinweise zu den Fragstellungen: Welche Ziele stellen sich im Umgang mit Diversität in Deutschland? Welche Ziele und Aufgaben im Umgang mit Diversität stellen sich im Kontext erziehungswissenschaftlicher Arbeit in Deutschland? Wie können die jeweiligen Ziele und Aufgaben angegangen und erfüllt werden?

Die Befragten schildern eine Vielzahl an Situationen von Konflikten, Gewalt, Konflikt- und Gewaltpotential auf Grundlage von alltäglich sichtbar werdender Unterschiedlichkeit. Sie berichten von Chancen, durch kompetentes Agieren (statt Reagieren) derartige Situationen zu lösen, zu erleichtern, Potential für solche Situationen früher zu erkennen und abzuwenden bzw. andere dazu anzuleiten, mit der Herausforderung gegenseitigen Verstehens und Verständnisses, wie es oft benannt wurde, zum konstruktiven Umgang mit Diversität anzuleiten oder anzuregen. Hinweise auf Anforderungen, die die Befragten im Umgang mit Diversität erleben, ergeben sich aus dem Überblick über den von den Befragten empfundenen Bedarf. Aufgaben, die sie im Umgang mit Diversität wahrnehmen, leiten sich aus der jeweiligen Tätigkeit ab.[48]

2.2.1 Inwieweit eignet sich Mediationsausbildung zur Entwicklung von Diversity-Kompetenz?

In den Interviews enthaltene Aussagen zur Mediationsausbildung als ein für Diversitätsmanagement geeignetes Kompetenzmodell betonen übereinstimmend mit der hermeneutischen Analyse (Klappenbach 2009b) *„Konfliktfähigkeit als Schlüssel des Umgangs im Miteinander"* (Heppner 1997). Alle Befragten berichten zu ihrer Motivation, sie hätten selbst ihre Ausbildung begonnen, weil sie dies für ihre eigene Arbeit so empfunden haben. Auch eine Bestätigung der Kategorisierung von Konfliktfähigkeit als wesentliches Element des Diversitätsmanagements in Deutschland (vgl. Klappenbach 2009b,2010; Heppner 1997) findet sich im Datenmaterial.

---

48 Das Datenmaterial bestätigt die in Klappenbach 2009b getroffenen Aussagen über notwendige Kompetenzelemente im Hinblick auf Anforderungen an einen konstruktiven Umgang mit Diversität. In der Kategorie Handlungskompetenz sind dort Fachkompetenz (Sach- und Feldkompetenz), Methodenkompetenz, Humankompetenz und Sozialkompetenz benannt. Als differenzierte Kompetenzkategorien sind darüber hinaus Alltagskompetenz, Selbstlernkompetenz, Informationskompetenz und Kommunikationskompetenz aufgeführt. Übereinstimmend und ergänzend bzw. konkretisierend wurden im hier fokussierten Datenmaterial Kontakt- und Interaktionsfähigkeit sowie Konfliktkompetenz benannt.

Antworten der Befragten spiegeln die Entwicklung von Toleranz, Ambiguitätstoleranz und Souveränität im Umgang mit Konflikten[49] durch Mediationsausbildung. Sie bestätigen also hinsichtlich des Bedarfs an Entwicklung von Ambiguitätstoleranz zum konstruktiven Umgang mit Diversität (vgl. ebd.) eine Wirksamkeit der Mediationsausbildung in Bezug auf einen wesentlichen Kompetenzerwerb zum Diversitätsmanagement: Interkulturelle Kompetenz wird sowohl als in mediatorischer Kompetenz enthalten als auch als notwendige Erweiterung der Ausbildungsinhalte Mediation beschrieben. Zweiteres bezieht sich v.a. auf nationale Diversität, Ersteres im Sinne eines erweiterten Kulturbegriffs auf weitere Diversitätsdimensionen. Als exemplarisch kann hier folgendes Zitat angeführt werden:

> *„Also ich erlebe immer wieder, dass es Konflikte gibt, die dadurch entstehen, dass Menschen nicht ‚eine Sprache sprechen', (-) in Anführungsstrichen. Dass sie ja also aufgrund ihrer ganz anderen Erziehung, ihrer anderen Religion, ihrer anderen familiären und kulturellen Hintergründe eine andere Sichtweise haben und sich dann verschließen und Vorurteile sammeln und Urteile sammeln. Und die werden dann so zu großen Haufen und Mauern geschichtet. Man spricht dann unter seinesgleichen darüber, wie fürchterlich doch das ist, dass die und jene Leute diesen und jenen Brauch haben."* (M1, 460-466)

Im Vordergrund der Aussagen zum konstruktiven Umgang mit den beispielhaft beschriebenen Situationen, die Heterogenität bzw. Diversität spür- und erfahrbar machen, wird die Kompetenzerweiterung durch die Mediationsausbildung v.a. bezüglich einer bestimmten „mediativen Haltung" und des methodischen Know How evaluiert. Wobei in den Interviews häufig betont wurde, dass diese ‚bestimmte', in der Mediationsausbildung vermittelte Haltung die methodischen Elemente in einer Art und Weise anwenden lässt, die das Agieren als „mediativ" und konstruktiv im Umgang mit Diversität kennzeichnet. Eine weitere Übereinstimmung fand sich bei den Befragten in Bezug auf den Bedarf der weiteren Ausgestaltung von mediatorischer Kompetenz für deren alltägliche Anwendung. Die Beschreibungen bilden eine Parallele zu der durch Bolten 2001 beschriebenen Interkultur als *„die räumliche Bezeichnung dieses Sich – Ereignens"* (Bolton 2001, S. 18-19). Situationen des Umgangs mit Diversität werden auch in den Interviews als Aufeinandertreffen von Lebenswelten beschrieben.

Gemeinschaftliches Handeln wird dabei als durch mediatorische Kompetenzen in Haltung und Kommunikation wie u.a. Allparteilichkeit, Neutralität, Trennung von Sach- und Beziehungsebene unterstützt beschrieben.

Für das Mediationsverfahren bestätigt sich im Datenmaterial die Vorstellung von einer Zwischenwelt C im Kontakt zwischen einer Person mit der Lebens- und Erfahrungswelt A und einer weiteren Person mit der Lebens- und Erfah-

---

[49] vgl. Hypothese 2

rungswelt B (vgl. Haumersen/Liebe 1999, S.104), wie sie in der folgenden Abbildung dargestellt ist.

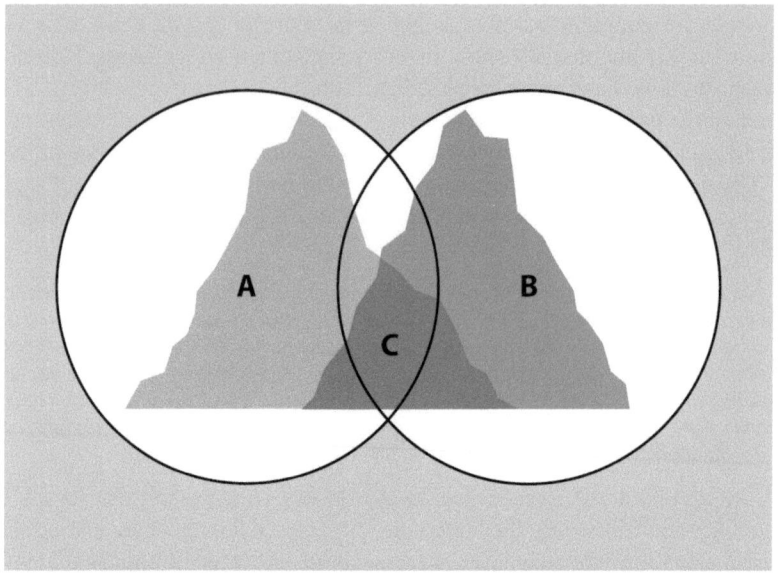

Abb. 5: *Konstruktion einer Zwischen-Welt C im Mediationssetting (Klappenbach 2009b, S. 258)*

Betont wird für die alltägliche Anwendung dabei sowohl die Ausstrahlung als auch die Betonung von konstruktiven und in der Anforderungssituation des Umgangs mit Diversität gestalteten oder auch geschulten Kommunikationsmustern, -formen und -strategien sowie einer durch Toleranz, Souveränität und Ambiguitätstoleranz geprägten Grundhaltung der beteiligten Personen.

Zusammenfassend ist hier anzumerken, dass die theoretisch eruierten Hinweise auf mediatorische und die Synergie aus mediatorischer und interkultureller Kompetenz als konstruktive Varianten des Umgangs mit Diversität in Deutschland (Klappenbach 2009b) bereits durch das Datenmaterial bestätigt wurden. Mit Hilfe der Aussagen zu den Forschungshypothesen lassen sich diese Ausführungen konkretisieren und ergänzen. Als wesentliche Ergebnisse der Befragung zeigen sich hier die Relevanz der sog. Mediativen Haltung (vgl. Klappenbach 2006/11) und die Transferierbarkeit der mediatorischen Kompetenz in den Kontext alltäglicher Praxis (vgl. ebd).

2.2.2 Welche Kompetenzen zum konstruktiven Umgang mit Diversität beschreiben die Befragten als Konsequenz der Mediationsausbildung (Wirksamkeitsaspekt)?

Zur Wirksamkeit der Mediationsausbildung im Hinblick auf den Umgang mit Diversität kann zusammengefasst werden, dass Hypothese 2, die die Entwicklung von Toleranz, Ambiguitätstoleranz und Souveränität im Umgang mit Konflikten und weitergehend Konfliktpotential postuliert, auf Grundlage des Datenmaterials ausnahmslos bestätigt wird.[50] Wirkungen werden auf den Ebenen Haltungsänderung, Verhaltensänderung und Kompetenzerwerb beschrieben. Um die vielfältigen und umfangreichen Antworten auf die Frage nach den für einen konstruktiven Umgang mit Diversität durch eine Mediationsausbildung vermittelten Kompetenzen zusammenfassend darzustellen, werden hier veranschaulichend und exemplarisch einige Beispiele eingefügt.

Person M1 beschreibt bspw. anhand ihres eigenen Erlebens ihren Kompetenzzuwachs:

„Also was für mich noch mal ein ganz wichtiger persönlicher Zuwachs war, war die Möglichkeit, eine Haltung einzuüben, die nicht nur die Person wertschätzt, die andere Person, das Gegenüber, sondern die wertneutral sich verhält gegenüber auch den Dingen, die diese Person sagt, also stark unterscheiden zu können zwischen dem eigenen Wertesystem, was ich selbstverständlich auch hab und was ich für mich gelten lassen will und dem, wie andere Leute anders reagieren und wie sie was anders tun oder auch vielleicht ganz andere Werte haben, auch welche, die mich vielleicht erschrecken, also weil für diese Menschen moralische Vorstellungen, die für mich wichtig sind nicht wichtig sind oder die irgendwelche Tabus, die es für mich gibt, verletzt haben.

Dass diese Leute diese Dinge einbringen können und in dem Moment, wo ich als Mediatorin tätig bin kann ich mich als Person da ganz rausnehmen mit meiner Wertschätzung.

Ich kann also dieses, das, was sich so als Allparteilichkeit bezeichnet, ausüben, ich kann eine Bühne schaffen für die Menschen, erst mal überhaupt zu Wort zu kommen und mit bestimmten Methoden und Techniken das auch zu unterstützen und zu schauen, ob ich die Leute richtig verstanden hab, ihnen auch das Gefühl zu geben, dass ich ihnen wirklich zuhöre, dass sie das, was sie sagen, ganz egal, was es ist, sagen dürfen und können, dass ich lediglich versuche, es vielleicht noch klarer zu bekommen an der einen oder anderen Stelle und einen Raum schaffe damit, für Menschen, die sich in den Haaren liegen, dass sie andere Möglichkeiten finden, mit Konflikten umzugehen, als sie das bisher getan haben, also sich gegenseitig zuhören können und dass ich dazu beitragen kann, weil ich mich da zurücknehme.

Das ist sicherlich eine Sache, die ich dabei gelernt habe und die ich natürlich dann auch auf andere Arbeitsfelder übertragen kann, also auch außerhalb von einer reinen Mediationssituation." (M1, 186-208)

---

50 vgl. Hypothese 2

Wenn man zur Begriffsklärung und als Kategoriensystem wie in Klappenbach 2009a das Kompetenzmodell von Coatsworth/Masten 1998 zugrunde legt, kann man an dieser Stelle zusammenfassen: Es finden sich in diesem Zitat Hinweise auf einen Zuwachs an Handlungskompetenz, Methodenkompetenz, Selbstlernkompetenz, Kommunikationskompetenz, Human- und Sozialkompetenz, Alltagskompetenz und auch auf Sachkompetenz[51], die durch die im weiteren herangezogenen Aussagen und Zitate im Datenmaterial vielfältig ergänzt und bestätigt werden. In der folgenden Aussage von Person M1 lässt sich darüber hinaus ein Hinweis auf den Zugewinn an Informationskompetenz erkennen:

„Und dann denke ich, es hat zumindest so ein Bild entwickelt, wie man sich dort weiterentwickeln kann und ich denke, es gibt genügend Informationsmöglichkeiten, um sich da dann auch weiterhin kompetente Angebote zu suchen." (132-135)

Zur Feldkompetenz findet sich zu ergänzen, dass diese sich an die jeweilige Tätigkeit knüpft. Das Datenmaterial bietet hier Kommentare zur vielfältigen Anwendbarkeit von Mediation an. Differenzierte Aussagen finden sich, wie die Themenstellung der Interviews vermuten lässt, zum Anwendungsbereich der auf nationale Diversität spezialisierten Mediation.

Die Interviews zeigen Bedarf für Ausbildungsangebote mit diesem Inhalt. Aktuell wurde diesem bereits Rechnung getragen. Die Erfahrungen mit der integrativen Ausbildung „Mediation in pädagogischen Handlungsfeldern" zeigen, dass nicht nur internationale, sondern ebenso nationale Diversität ein Anwendungskontext ist, der auf grosses Interesse bei den Studierenden stösst und dass dies für die spätere Arbeitspraxis ein gefragter Inhalt ist.

2.2.3 Was sollte in einer Mediationsausbildung zum Umgang mit Diversität (noch) vermittelt werden?

In Ergänzung zu den bisherigen Ausführungen sind an dieser Stelle noch explizite Aussagen des Datenmaterials zu interkultureller und mediatorischer bzw. mediativer Kompetenz als andragogisches Vermittlungsziel mit der Vermittlungsperspektive Diversitätsmanagement in Deutschland hervorzuheben. Aus den diversen Aussagen sind hier exemplarisch diejenigen ausgewählt, die mediatorische und mediative Kompetenz auf Grundlage der Erfahrungen der Interviewten als wirksam für den konstruktiven Umgang mit Diversität evaluieren. Während es im Zusammenhang mit Forschungshypothese 5 um den Qualifikationsort Universität geht, werden hier Hinweise auf Inhalte für ein solches Aus-

---

51 Eine ausführliche Erläuterung der Kompetenzbegriffe findet sich bei Coatsworth/Masten 1998 und in Klappenbach 2009b, S. 246.

bildungskonzept zusammengefasst. Die in den Interviews im Zusammenhang mit Hypothese 5 vorgeschlagenen Vermittlungsinhalte und -formen lassen sich in Aussagen zu Inhalten, Rahmenbedingungen und Umsetzungsideen unterteilen. Zudem sind die inhaltlichen Aussagen als bezogen auf Haltungs- und Methodenelemente zu kategorisieren.

Person M1 betont die Vermittlung einer mediativen Haltung, des Rahmens für Inhalte und Methoden und den Bedarf eines sicheren Rahmens für Übungen mit Selbsterfahrungskomponenten in der Ausbildung (337-/357-372). Sie verweist auf Inhalte (337-/398-433), die ihr besonders wichtig waren, auf Kommunikationsmethoden und Elemente, die als Mediative Haltungselemente (vgl. Klappenbach 2006/11) klassifiziert werden können. Person M4 äussert sich differenzierter zu einem möglichen Rahmen für ein solches Ausbildungsangebot. Sie betont dabei das Zeitfenster eines Jahres, den Einbezug von Selbstreflexion sowie die Zeit zwischen den Seminartagen als Übungsraum. (910-935) Als inhaltliche Elemente zur Ausgestaltung des Konzeptes benennt sie die Methode des Rollenspiels, die Wichtigkeit des Erstellens eines sog. Methodenkoffers und den konkreten Alltagsbezug (939-953). Als weitere Umsetzungsideen äussert sie die Arbeit in Seminarblöcken oder auch in Wochenenden, die Ausbildung als berufsbegleitender Zusatz, angeknüpft an das Studium wie ein Vikariat (vgl. 971-981):

„dass da noch mal eine praktische Ausbildung hinten dran kommt. Das könnt ich mir auch vorstellen." (980-981) ...

„I: So, dass man eben Theorie oder Methoden erst mal vermittelt und dann mit dem Praktischen das abschliesst?

MED 4: Ja. Vielleicht, also, für mich wär das ja wichtig, dass dazu die Selbsterfahrung gehört hat, am Anfang, also dieses Reflektieren darüber, wo stehe ich? Und dass ich daraus die anderen Methoden, dass ich die aus dieser Position heraus erlernt hab. Also schon geguckt hab, wo ist eigentlich auch meine Stärke und wo ist meine Schwäche? Das heißt mein persönliches Profil ist ja berücksichtigt worden in der Ausbildung, die ich gemacht hab. Und das hat mir sehr gut gefallen. Und speziell das könnte man, (-) muss ich (-) also, dass es universitär noch irgendwo abgesichert ist, aber eigentlich erst am Ende des Studiums vielleicht steht. Oder wirklich, dass man sagt: Also jetzt noch mal so einen praktischen Abschnitt, der speziell für 'ne Gruppe von vielleicht 20 Studierenden kurz vor oder kurz nach dem Examen gemacht wird. Oder vielleicht auch am Anfang, aber das zeigt eben, dass sie nachweisen müssen, dass sie den Teil gemacht haben. Das fände ich zum Beispiel ganz sinnvoll. Ja, wie so 'ne Art Praktikum oder so. Ich glaube, dass das nicht nur das Studium bereichert, sondern auch die Leute, das was sie arbeiten." (983-999)

Eine weitere Ergänzungsmöglichkeit der Mediationsausbildung sieht Person M4 in der Vermittlung psychopathologischen Grundwissens (1022-1066).

Person Exp.1 benennt als wesentliches Lernziel eines solchen Angebots

„eine hohe Präsenz, also wirklich präsent zu sein.

Und wenn ich quasi als Gruppenleitung arbeiten würde, dann natürlich auch der wertfreie Umgang. Also auch meine Werte weiterhin hinten anzustellen. Quasi die Werte derjenigen, die meine Dienstleistung, meine Betreuung, wie auch immer, in Anspruch nehmen. (-) Sozusagen denen die nicht aufdrücken und überordnen, sondern [...] ((...)) denen den Vorrang geben, ihre Werte zu zeigen und auszuleben.

Insofern das ist alles mediative Haltung. Einfühlung zu geben. Zu hören, welche Interessen stehen denn hinter diesen kulturellen Werten. Ja, das ist eigentlich so das Wesentliche. Und dieses Wertfreie, das ist, glaub ich, das Wichtigste. Wertfrei und Präsenz." (257-266)

Als Vermittlungsformen zählt sie Rollenspiele, Entspannungs- und Selbsterfahrungsübungen auf (275-316). Sie betont dabei die Wichtigkeit der Selbstreflexion (406-415). Auf die direkte Nachfrage bezogen auf eine Zusatzqualifizierung im universitären Rahmen findet sich zusätzlich zur Bestätigung der These, dass die Universität ein geeigneter Vermittlungsrahmen sein kann, der Hinweis auf die Wichtigkeit des Praxisanteils.(417-431) In diesem Zusammenhang lässt sich auf die Unterscheidung der pädagogischen und der mediatorischen bzw. mediativen Rolle verweisen, die von Person Exp 1 als Argumente für die Notwendigkeit von Praxiserfahrung herangezogen wird.[52] (768-790)

Im weiteren Verlauf des Interviews wird sie nach ihrem „Idealbild" einer/s Mediierenden im interkulturellen Arbeitsbereich gefragt, um auf diese Weise ergänzend Hinweise auf mögliche Zielstellungen für ein entsprechendes Ausbildungsangebot zu erhalten:

„Kurz gesagt: (-) Der ideale Mediator oder die ideale Mediatorin sollte also erst mal: präsent, sollte mit sich im Reinen sein. (-)

Also sollte sich möglichst nicht so schnell aufregen über bestimmte Dinge, sondern die einfach so sein lassen.

Und dann eine hohe Toleranz entwickelt haben.

Sie sollte gut zuhören, das muss man nicht sagen, muss sie können. Sonst ist sie keine gute Mediatorin und kein guter Mediator.

Sie sollte auf jede Kultur einfühlsam eingehen können. Auch wenn sie ihr sehr sehr fremd erscheint. Ja, einfach zu sagen: „O.k., aha, Sie machen das so." Interessiert nachfragen. Interesse zeigen. Wertfrei sein und ihre Werte (ganz) hinten anstellen. Und das, glaube ich, ist das, was am Schwersten fällt.

Und natürlich eine gute Moderation und die Techniken perfekt beherrschen. [...] Aktiv zuhören; Gewaltfreie Kommunikation; Verhandeln nach dem Harvard-Konzept, gut, Fragen stellen, (-) also Fragen, die auch wirklich ins Ziel führen; mediative Moderationselemente, die

---

52   vgl. Hypothese 1

((...)) ermittelt ((...)) mit der Flipchart arbeiten; Moderationskarten verwenden; Metapläne machen; Netzwerkpläne machen; Projektpläne. (-) Alles Mögliche.

Also da fällt ja dann ganz viel rein noch an Sachen aus anderen Gebieten. [...] Zum Beispiel Moderation, Projektmanagement, NLP auch ein bisschen, so dass man die Vereinbarungen so formuliert, dass sie auch wirklich realisierbar sind. Im Grunde auch aus der Therapie, in echten Kontakt gehen mit den Medianten. Also nicht auf den Kontakt sondern in den Kontakt gehen. Sich nicht drüber stellen sondern mitschwingen mit dem, was sie uns geben.

Und im Grunde wird oft verkannt, dass Mediation eigentlich eine sehr simple Methode ist, eine sehr einfache Methode, die oft von unseren komplexen Denkansätzen verkompliziert wird.

Und das ist, glaub ich, das, was so schwer zu lernen ist: Im Grunde genommen diese Einfachheit. Nämlich sich hinzusetzen, leer zu sein, (-) also präsent zu sein für die Anderen. Und zuzuhören und die richtigen Fragen stellen, in guten Kontakt gehen, und die Dinge entwickeln, sich entwickeln lassen, die Entwicklung unterstützen, an den richtigen Stellen intervenieren. Das ist, glaub ich, der Punkt, wo es am Schwersten ist.

Und deshalb, (-) ja. Viele Leute denken, wenn sie Mediation lernen, dann haben sie die Lösungen gleich mit dabei oder haben sie das Handwerkszeug für Konfliktlösungen. (-) Aber Mediation hat auch seine Grenzen. Also nicht jede Kultur kann mit der anderen Kultur sich soweit verständigen, dass es zu einer Lösung kommt. Das ist halt schwer." (517-554)

Als Kernpunkte der Mediationsausbildung fasst Person Exp 1 Grundlagen der Mediation, Verhandlungskompetenz nach dem Harvard-Konzept und in Verweis auf die Standards des BM e.V. das Thema Recht in der Mediation zusammen.

Ergebnissichernd lässt sich hier festhalten, dass die Interviewpartner/innen die dargestellten Inhalte in ihrer Relevanz sowohl für den Kontext der Mediation als auch für den Einbezug in der Alltagspraxis bestätigen. Als wesentliche für diesen Rahmen zu konkretisierende Themen gehen daraus die beiden Punkte „Mediative Haltung" und „Transfer in den Alltag" hervor, die in engem Zusammenhang miteinander gebracht werden.

2.2.4 Was geht aus den Interviews zur Fragestellung nach geeigneten Akteur/inn/en für Diversitätsmanagement in Deutschland hervor?

Jede Person wurde nach dem Interview gebeten, die Forschungshypothesen zu kommentieren. In der Betonung der Interdisziplinarität und der Breite von Anwendungsfeldern für Mediation sowie der unterschiedlichen beruflichen Hintergründe ausgebildeter Mediator/inn/en zeigt sich ein eher generelle Einschätzung von Mediator/inn/en als grundsätzlich Agierende im Bereich Diversitätsmanagement in Deutschland.⁵³ Das Expert/inn/eninterview enthält in Zusammenhang mit Hypothese 1 die hier ergänzend und exemplarisch herangezogene Passage, in der ein mediatives und ein pädagogisches Rollenverständnis als konträr gegenübergestellt werden (771-790):

> *„Ich hab mal einen ganz furchtbaren Vortrag gehört von einer Professorin, ich möchte den Namen nicht nennen, die sagte, dass ja im Grunde genommen die Gesellschaft noch nicht bereit wäre, Mediation, also zum Beispiel Schul-Mediation, anzunehmen und zu empfangen.*
>
> *Ich finde es einfach irre arrogant, wenn eine Mediatorin sagt, die Gesellschaft muss sich erst verändern, damit ich mit meinen tollen Kompetenzen ankomme, um denen das zu vermitteln.*
>
> *Nein. Mediation muss immer da ansetzen bei dem was Menschen mitbringen. Und interkulturelle Kompetenz im Grunde auch.*
>
> *Also von daher würde das, so wie Du das schreibst, was schön wäre, (-) und ein schöner Zustand, das liegt, finde ich, noch weit weg. Weil es eigentlich erst mal losgehen muss.*
>
> *Weil im Grunde, (-) Du hast es ja auch vor (allem) mit Pädagogen zu tun, die halten sich ja auch oft für die Menschen, die Andere in etwas unterstützen, helfen können, (-) wie auch immer. Und das hat ja auch was von einer Haltung, die von oben kommt und nicht von Kontakt zu Kontakt.*
>
> *Und das ist eben genau das, was Mediation eigentlich erfordert. Nämlich in Kontakt zu gehen und auf gleiche Ebene. Was nicht heißt, dass die Hierarchien nicht unterschiedlich sein können. Das ist eine andere Sache. Oder die Kompetenzen auch unterschiedlich sind. Aber grundsätzlich: Der Kontakt findet von Mensch zu Mensch statt.*
>
> *I: Glaubst Du, das wäre so 'ne Sache, die man da noch schulen müsste?*
>
> *EXP 1: Genau. […] Und die braucht auch viel Zeit. Also das kann man auch nicht mit einer Ausbildung (unbedingt) bewältigen. Es braucht viel Praxiserfahrung, es braucht einfach Zeit, ((…)) Coaching, (-) wie auch immer. (-) Also es ist ein schöner Zustand. Es ist halt sehr gewagt, weil ich denke, es ist sehr anspruchsvoll."* (762-790)

Diese Passage kann insofern als Argument zugunsten der bereits in die Grundausbildung integrierten Mediationsausbildung („Mediation in pädagogischen Handlungsfeldern", FU Berlin) herangezogen werden, als dass die Schlussfolgerung, es mache Sinn, die Entwicklung eines mediativen Rollenverständnisses bereits in den Prozess der Entwicklung des pädagogischen Rollenverständnisses zu integrieren, naheliegt.

---

53 Aus der Literatur zum Thema lässt sich hier auf den politisierten Diversity-Ansatz von Perko/Czollek 2006 verweisen, in dem die unterschiedlichen Diversitätsdimensionen, wie sie auch im Allgemeinen Gleichbehandlungsgesetz aufgeführt sind (ethnische Herkunft, Geschlecht, Religion/Weltanschauung, Behinderung/"Ability", Alter, sexuelle Identität) als Handlungsfelder von Diversitätsmanagement in Deutschland naheliegend erscheinen. Die Autorinnen teilen mit den Interviewten und der Interviewerin den Ausbildungshintergrund Mediation. Es hat den Anschein, dass diese Perspektive auf Basis mediativer Kompetenz naheliegt.

2.3 Fazit

2.3.1 Verbindungslinien mediatorischer, mediativer und interkultureller Kompetenz

In der vergleichenden Analyse von Interkultureller Kompetenz und Mediativer Kompetenz zeigte sich, dass beide Konstrukte eine große Schnittmenge im Bereich sozialer Gesprächs- und Handlungsfähigkeiten aufweisen. Konkret verglichen wurden dabei das Fazit aus verschiedenartigen Beschreibungen, die sich zum Konstrukt „Interkulturelle Kompetenz" durchsetzen konnten (Baumer 2002; Luchtenberg 1998[54]) und Ergebnisse der Untersuchungen von Klappenbach 2009b zu Mediativer Kompetenz.

Im Ergebnis stellte sich Mediative Kompetenz als weiter auf konfliktmanagementorientierte Inhalte wie Deeskalationsstrategien, erweiterte Intervention in Konflikten konzentriert dar. Interkulturelle Kompetenz bezieht dafür sprachliche Kenntnisse und reflektiertes ‚Wissen' bzw. Informationen über Kulturen bzw. Kulturstandards (vgl. bspw. Thomas 1996; Hofstede 2006, Bleil 2005) mit ein. Ein bedeutender Teil der Forschung zur Mediativen Kommunikation bezieht sich auf Ergebnisse aus dem sog. Interkulturellen Arbeitsbereich. Sie wurden dann nach Prüfung der Möglichkeiten im Rahmen sozial-pädagogischer Arbeit, die im Sinne eines erweiterten Kulturbegriffes (Baumer 2002; Herbrand 2002; Thomas/Hagemann 1996) als ein ‚interkulturelles Tätigkeitsfeld' bezeichnet werden kann, verallgemeinert. Dies prägte das Konzept.

Kompetenzelemente aus dem Rahmen der Mediation (mediatorische Kompetenz) und Interkulturelle Kompetenz lassen sich nur vergleichen, wenn mediative Elemente aus deren verfahrensförmigem Kontext gelöst bzw. gelöst betrachtet werden. Sowohl bei Mediativer Kompetenz als auch bei Interkultureller Kompetenz geht es um die Fähigkeit einer Person, mit anderen Menschen im beruflichen oder privaten Alltag (gelingend) zu kommunizieren. Diese allgemein gehaltene, für beide Konstrukte anwendbare Definition nach Baumer 2002 blieb für Verbindendes zu konkretisieren und bezüglich vorhandener Unterscheidungsmerkmale zu differenzieren. Um den Sinn des Konstruktes „Mediative interkulturelle Kompetenz" zu überprüfen, sind die Bestandteile beider Konstrukte näher zu betrachten, die Unterschiede zu beleuchten und ihre verschiedenen Anwendungsmöglichkeiten darzustellen. Es wäre sicher interessant, dies in einem ande-

---

54 Differenzierter kann hier exemplarisch verwiesen werden auf Dietrich 2000, Knapp 2002, Slembek 1998, Kiefer 2002, Leenen et al 2002, Mecheril 2002, Sprung 2003, Vester 1996, Hinz-Rommel 1994, Glaser 1999, Thomas 1996 a &b, Bergemann/Sousseaux 1992, Hinnenkamp 1994, Helmolt 1997, Kinast 1998.

ren Rahmen ausführlicher zu reflektieren. Die Ausführungen an dieser Stelle sollen lediglich der Kennzeichnung einer Betrachtungsperspektive dienen: Während interkulturelle Kompetenz im Miteinander auf der wechselseitigen Kommunikationsebene vom Ich zum Du praktiziert wird[55], bedeutet mediative interkulturelle Kompetenz die Erweiterung dieses Settings u.a. um die Metaebene, die Kompetenz ‚eines vermittelnden Dritten'. Im Mediationsverfahren wird diese in ihren unterschiedlichen Facetten durch eine weitere, allparteiliche Instanz, die Mediator/inn/en extern ausgeübt. Im Rahmen mediativer (interkultureller) Kompetenzentwicklung geschieht dies ‚intern' durch das Einnehmen einer ‚mediativen Haltung' (vgl. Klappenbach 2006/11) von mindestens einer der beteiligten Personen. Die Positionen der Einzelnen werden durch eine dritte, allparteiliche Sichtweise, die individuelle Bewertung von Handlungsmöglichkeiten des Einzelnen durch weitere, kooperative Alternativen ergänzt.

2.3.2 Wirksamkeit und Perspektiven der evaluierten Kompetenzvermittlung im Überblick

Wie die ausgebildeten Mediator/inn/en die Wirksamkeit der in ihrer Mediationsausbildung gewonnenen Kompetenzen in ihrem berufspraktischen Alltag anhand der Interviews evaluierten, stellt sich im Überblick wie folgt dar:

Erleichterung des Arbeitsalltags durch mediatorische Kompetenz

- Mediation als Verständigungshilfe in interkulturellen Überschneidungssituationen
- Deeskalation und Konfliktprävention durch die Trennung von Sach- und Beziehungsebene mithilfe mediatorischer Kompetenz
- Die Relevanz von Gewaltprävention durch Mediation
- Mediatorische Kompetenz als Wegbereiter zum Verständnis und Grundstein für einen sozialen Beruf
- Mediative Kompetenz als beruflich geforderte Weiterbildungsqualifikation

Ambiguitätstoleranz, Toleranz und Souveränität im Umgang mit Diversität als Handwerkszeug zum Brückenbau

- Mediative Kompetenz zur differenzierten Betrachtung von Situationen und die „*wertneutrale*" (M1, 186) Unterscheidung von Wertesystemen

---

[55] vgl. hierzu bspw. das Dreieckmodell Themenzentrierter Interaktion (Ich-Du-Thema) in Langmaack 2004, S. 59

- Ein durch Akzeptanz der Menschlichkeit geprägter Umgang mit Diversität als Ergebnis von Haltungsänderung durch Mediationsausbildung
- Ambiguitätstoleranz, Toleranz und Souveränität als Kriterien und Definitionselemente für eine durch Mediationsausbildung entwickelte mediative Haltung unter der Voraussetzung von Offenheit der Teilnehmenden für den Kompetenzerwerb
- Mediation als „Werkzeug, was [...] schult, [...]die Bedürfnisse zu sehen" (M4, 1175-1179) und der damit verbundene Zugewinn an „Handlungsfähigkeit" (M4, 200-201) und Wertschätzungsfähigkeit (M4, 205)
- Konfliktkompetenzentwicklung und Kontaktfähigkeitssteigerung durch Mediationsausbildung – die Haltungsänderung, ‚nicht immer verändern zu wollen' (Exp1), sich auf Diversität im Alltag einzustellen und einlassen zu können

Vorhandener Bedarf an Kompetenzerweiterung

- Kompetenzbedarf allgemein im Beruf als Ursprung für die Entscheidung zur Mediationsausbildung
- Interesse an einem Ausbildungsangebot ‚Mediation für interkulturelle, berufliche Qualifikation' zum Management alltäglicher Situationen „interkulturellen Mobbings" (M2)
- Spiegelung des Bedarfs in der Nachfrage und im Teilnehmenden-Engagement
- Die Nutzung des Angebotes mediatorischer Kompetenz als „Öl im Getriebe" (M4, 1212)
- Erweiterung des Ausbildungsangebotes als notwendig auf Grundlage des vorhandenen Bedarfs
- Mediationsausbildungserweiterung durch Interkulturelle Kompetenz oder erweiterte Mediationsausbildung durch explizite Inhalte Interkultureller Kompetenz
- Bezug zu den interkulturellen Anwendungsmöglichkeiten der Mediation in der Ausbildung im Vergleich zum Bedarf gering
- Grundsätzlicher Bedarf an Mediation besteht
- „Im Grunde machen wir alle interkulturelle Mediation. Aber es wird nicht so genannt und ich denke, man sollte das Angebot nochmal aufgreifen." (Exp1, 943-947)

Universitäres Ausbildungsangebot Mediation

- Möglichkeiten zu Gewaltprävention und Schneeballeffekt
- Synergieeffekte und Nutzbarkeit von Ressourcen durch den gewinnbringenden Austausch zwischen Praxis und Wissenschaft

- Offenheit und Bereitschaft der Teilnehmenden als grundsätzliche Voraussetzung für die Effekte der Mediationsausbildung
- Potenzieren von Synergien durch ein zertifiziertes Ausbildungsangebot
- Grenzen der Mediation als interdisziplinär und durch dementsprechende Synergieeffekte anzugehen

2.3.3 Schlussfolgerungen

Für die Vermittlung von Kompetenzen zum konstruktiven Umgang mit Diversität erscheint anhand der Ergebnisse eine in Alltag leicht transferierbare Variante von Mediationskompetenz sinnvoll, die besonders wirksame Bausteine und Elemente der Mediationsausbildung entsprechend aufbereitet.

In den Untersuchungen zu den Möglichkeiten, Herausforderungen und Hindernissen beim Einsatz von Mediation in die alltägliche Arbeit im sozialen und pädagogischen Bereich wurde Kritik vor allem anhand der Erfordernisse eines geeigneten Settings für eine Mediation und deren begrenzte Einsatzmöglichkeit beispielsweise in pädagogischen Einrichtungen und weiteren von knappen zeitlichen und finanziellen Ressourcen betroffenen Anwendungsfeldern geäußert. Die grundsätzliche Wirksamkeit des konkret eingesetzten Verfahrens wurde dabei ausnahmslos bestätigt. Nicht immer wurden die Mediationen zu Ende geführt, dennoch brachte sie aber Bewegungen oder Veränderungen, die als Fortschritt wahrgenommen wurden. In einigen Fällen erwirkte bereits die gezeigte Bereitschaft, an einer Mediation teilzunehmen und den Konflikt damit konstruktiv anzugehen günstige Effekte für (arbeits)atmosphärische Aspekte.

Um Positiveffekte optimal zu nutzen und die Entwicklung im Bereich der außergerichtlichen Konfliktbeilegung voranzutreiben, empfahl es sich im Sinne eines mediativen Haltungs- und Handlungsansatzes, diese Kritiken und Problematisierungen als wertvolles Konflikt- und Forschungsmaterial zu begreifen und ebenso konstruktiv wie innovativ umzusetzen. Grundsätzlich wäre es bedauerlich, die Ideen und Elemente einer so erfolgreichen Methode der Konfliktlösung auf einen speziellen Rahmen zu begrenzen; vor allem dann, wenn es möglich ist, ihre Bestandteile bereits präventiv und schnell zugänglich in den Alltag einzubinden.

Dass dies möglich ist, bestätigte sich in den durchgeführten qualitativen Interviews mit der Zielgruppe nach den Standards des Bundesverbandes Mediation e.V. ausgebildeten Mediator/inn/en. Sie ergaben auch in den unveröffentlichten Zeilen ausnahmslos, dass die mediativen Elemente auch unabhängig vom Verfahren der Mediation als hilfreich erlebt wurden. Dies ist zum Teil nicht weiter verwunderlich, da sich ja die Mediation auch diverser professioneller Kommunikationstechniken bedient, die ursprünglich aus dem verfahrensunabhängigen Kontexten stammen. Die Untersuchungsergebnisse zeigten dies allerdings ebenso für die konkreten Methoden aus dem Bereich des mediativen Konfliktmanagements. Die Fragestellung, die hier weiter zu ergründen blieb war, wie zur Steigerung der Positivwirkung von Mediation der Transfer vom verfahrensgebundenen in den alltäglichen Kontext erleichtert und die mediativen Elemente speziell für deren freie Anwendung in pädagogischen Arbeitsfeldern aufbereitet und erweitert bzw. optimiert werden können. Im Ansatz der Mediativen Kommunikation sind als eine solche Optimierungsvariante aus dem Rahmen der Mediation die verbindenden und für die soziale und pädagogische Arbeit als besonders hilfreich evaluierten Elemente zusammengestellt. Es wird in Elemente, die Hintergrund und Haltung für deren Einsatz bilden und für den „sicheren" Gesprächs- und Verhandlungsrahmen der verfahrensförmigen Anwendung einen Ersatz bieten unterteilt: Die aus der Mediation entnommene Mediationsformel, Allparteilichkeit und Win-Win-Perspektive werden ergänzt durch die Vorstellung vom Inneren Team, das Einnehmen der Metaebene. Die Personzentrierung (nach Carl Rogers, vgl. Klappenbach 2006/11, S. 71ff.) wird ebenfalls grundlegend herangezogen. Des Weiteren werden als Elemente der Mediativen Kommunikation, die sich auf Grundlage dieser Haltung im Sinne mediativen Agierens umsetzen lassen, zusammengefasst: Aktiv Zuhören (mit Verweis auf weitere Formen des Zuhörens), Herausfiltern von Bedürfnissen und Interessen hinter den von den Konfliktbeteiligten eingenommenen Positionen, welches in den meisten Mediationsmodellen als Phase 3 bezeichnet wird (vgl. Klappenbach 2006/11, S. 34-37), Principled Negotiation nach dem Harvard-Konzept (vgl. Fisher/Ury/Patton 2000) sowie Gewaltfreie Kommunikation (Rosenberg 2002). Ergänzt wird durch die methodische Aufwertung im Abwertungsprozess der Konfliktkultur (Klappenbach 2006/11, S. 167ff). In einem weiteren Teil wird das Konzept durch eine Auswahl an Methoden der Mediativen Gesprächsführung ergänzt.[56]

Die Unterteilung in Haltungs- und Hauptelemente ist spezifisch für diesen Ansatz. Er kombiniert die verbindenden mediativen Kompetenzelemente derart, dass der Transfer der Mediationselemente in die Alltagspraxis bereits aufgegriffen und in der Vermittlung umgesetzt ist.[57] Es wurden dabei wegweisende und

---

56 Diese können bspw. unter Zuhilfenahme der von Diehl 2000 angeführten Kriterien ergänzt werden.
57 Die Inhalte von Mediationsausbildungen und Mediationsangeboten variieren. Es gibt bspw. sehr viele Angeboten, die weder die Gewaltfreie Kommunikation noch das Harvard-Konzept einbeziehen. Mediative Kommunikation ist hier insofern verbindend, als dass die in der Untersuchung als hilfreich und wirksam evaluierten Elemente einbezogen und miteinander in Zusammenhang gebracht werden. Die einbezogenen Methoden, Theorien und Interventionen wurden gf. Im Sinne des Gesamtkonzeptes verändert.

ausbildungsrelevante Anregungen nicht nur aus den unterschiedlichen Angeboten der Mediation, sondern auch aus dem Rahmen der Angebote Interkultureller Kompetenzentwicklung wie beschrieben in die Inhalte des Konzeptes integriert. Mediative Kommunikation kristallisiert sich neben dem weiterhin im gezielten Einsatz als hilf- und erfolgreich evaluierten Konfliktlösungsverfahren der Mediation durch die situationsgerechte Kombination und die Erweiterung der daraus entnommenen Elemente immer deutlicher als ein eigenständiges Konzept heraus; nicht nur zur qualitativen Konfliktlösung und zum Umgang mit Konfliktstoffen, sondern ebenso zur Förderung gegenseitigen Verständnisses und gelingender Beziehungen und Prozessabläufe in Privat- und Arbeitswelt. Die bereits vorliegenden Forschungsergebnisse bestätigen die erfolgreiche Erhöhung der konfliktbezogenen Handlungsfähigkeit für Berufs- und Alltagswelt, eine Förderung der Souveränität im Umgang mit Konflikten und konfliktträchtigen Situationen sowie erste sich in der Auswertung der Begleitforschung abzeichnende Ergebnisse für den Zuwachs an ‚Soft Skills', die sich den Kategorien Toleranz und Ambiguitätstoleranz zuordnen lassen.

In den Jahren, die zwischen Durchführung der hier in Ausschnitten veröffentlichten Interviews und heute liegen, wurden wie bereits beschrieben zunehmend Angebote Mediation für interkulturelle Kompetenz im Sinne eines erweiterten Kulturbegriffs gestaltet. Dieser ist für mediative Kompetenz, die sowohl die mediative Haltung als auch die Fähigkeit zur Anwendung von spezifischen Methoden und Alternativen zum Konfliktmanagement umfasst, ebenfalls heranzuziehen. Die diesbezüglich ausgerichteten Interviewergebnisse haben sich in der Praxis bestätigt. Mit der weiteren Verbreitung und dem Bekanntwerdens der Mediation wurde in den letzten Jahren zunehmend das Bedürfnis artikuliert, die ‚neuen Methoden'[58] auch im beruflichen und privaten Alltag nutzen zu können.

Diesem Bedürfnis stand zunächst ein Ausbildungsangebot gegenüber, das sich auf die punktuelle Anwendung als zukünftige/r professionelle/r Mediator/in beschränkte. Die Wahrnehmung dieser Bedarfslage spiegelt sich durchaus in den Entwicklungen und Disputen oder Debatten verschiedener Expert/inn/en und Autor/inn/en im Bereich mediativen Konfliktmanagements wider. Auch in diesem Umstand lässt sich eine Bestätigung durch Interviewergebnisse erkennen. In der Ausrichtung verschiedener Angebote wird das Interesse, diesem Bedarf gerecht zu werden, unterschiedlich umgesetzt. Die Akzeptanz, Nachfrage und positiven Rückmeldungen, die in der Arbeit mit der Variante der Mediativen Kommunikation sichtbar wurde, kennzeichnen diese als eine nachhaltig interes-

---

58 Auf diese Formulierung greife ich an dieser Stelle mit einem Augenzwinkern und dem Verweis auf Darstellungen zu historischen Wurzeln von Mediation in bspw. Scimecca 1991, Besemer 1999 und Duss-von-Werth 2005 zurück.

sante Möglichkeit, die sich auch wegen ihres inhaltlichen Bezugs zur Erziehungswissenschaft für die integrative Ausbildung „Mediation in pädagogischen Handlungsfeldern" und Anwendungsbereiche, die gerade von der Ergänzung durch erziehungswissenschaftliche Gesichtspunkte profitieren, bewährt hat. Als Ergebnis der empirischen Untersuchung lässt sich darüber hinaus für die Anwendungspraxis darauf verweisen, dass zusätzlich zur theoretischen und praktischen Ausbildung in den genannten mediativen Kompetenzelementen ein Training in Mediativer Kommunikation einen starken Anteil an Selbstreflexionsarbeit beinhaltet, die unter anderem das Einnehmen einer mediativen Haltung erst umsetzbar macht. Denn das Bewusstsein über eigene Einstellungen, Werte- und Denkmodelle stellt sich als Schritt in den professionellen und förderlichen Abstand einer mediativen Haltung dar: Es wird möglich, aus dieser Metaebene noch Zugriff auf die eigenen Interessen und Gefühle zu behalten und sie dann wieder zu verlassen, um in die persönliche, situative Haltung zurückzufinden (vgl. Klappenbach 2006/11, S. 65ff). Mediative Kommunikation lässt sich auch insofern nicht nur als ein Praxiskonzept, sondern auch als eine Modifikation der Vermittlung von Mediationsausbildungsinhalten verwenden, die mediative und interkulturelle Kompetenzentwicklung miteinander verbindet: Mediative Kommunikation dient der Vermittlung von mediativer und interkultureller Kompetenz. Der Begriff dient als Konstrukt, welches darauf verweist, dass es vor der Wahrnehmung von Heterogenität als Unvereinbarkeit, vor der Verfestigung von Konfliktpotential ansetzt. Es integriert wie auch in den Interviews postuliert, zusätzlich zu Mediations- und Mediationsausbildungsinhalten u.a. Elemente aus angrenzenden Bereichen der Sozial- und Geisteswissenschaften sowie aus der Praxis professioneller Gesprächsführung.

Während sich –wie in den vorherigen Kapiteln beschrieben- auf dem Praxismarkt der Mediation zahlreiche Darstellungen zur Beliebtheit der Mediation finden und es (auch in den in diesem Buch fokussierten Interviews) in der Regel darum geht, das Verfahren der Mediation weiter zu professionalisieren, zu etablieren sowie weitere hilfreiche Elemente in die Mediation zu integrieren, findet sich kaum, aber zumindest bei Schieferstein/Trossen (2003) eine gegensätzliche Darstellung. Diese bezieht sich nicht auf die Anerkennung und den Nutzen des Verfahrens, sondern auf die konkret von potentiellen Kund/inn/en im Konfliktfall getätigte Investition in eine durchzuführende Mediation. Dies geht mit den bereits dargestellten Beobachtungen auf Grundlage einer Befragung bei der Mediationsausbildung im Jahr 2001 zum Thema Mediative Kommunikation einher, dass eher in Zusatzausbildung als in das Beauftragen von Mediator/inn/en investiert wird: *„Die Nachfrage nach Mediation lässt leider immer noch zu wünschen übrig. Wir Menschen sind es gewohnt, Konflikte konfrontativ zu lösen. Wir suchen nach guten Lösungen, vermuten diese jedoch nicht außerhalb der win-*

lose Ergebnisse. Aus diesem Grunde ist es nicht nur für den Betroffenen, sondern auch für den Mediator wichtig, die Mediation schon weit vor ihren dogmatischen Grenzen zum Einsatz zu bringen, und zwar in den konfrontativen Konfliktlagen." (Schieferstein/Trossen 2003, S. 134) Derartige konfrontative Konfliktlagen bietet der Alltag vielseitig – ob beruflich oder privat. Den Interviews nachfolgende Untersuchungen im Rahmen der integrativen Mediationsausbildung zeigten hier konkret bei den Teilnehmenden nach deren Abschluss eine Veränderung bezüglich der Erwartungshaltung vom Kompromiss als günstigstes real mögliches Konfliktergebnis hin zur Kooperation. Dies ist als eine Bestätigung des Statements zu werten, die durch Aussagen zum ‚Warum und Wie' sowie Möglichkeiten zur Effektverstärkung mithilfe der Begleitforschung zu ergänzen ist.

Der aktuelle Bedarf an mediativer Kommunikation lässt sich exemplarisch mit Blick auf die Lehrer/innen/(aus- und -weiter)bildung an der gegenwärtigen Situation der Berliner Schulen dokumentieren. Die öffentliche Debatte über einen angemessenen Ressourceneinsatz im öffentlichen Schulwesen beschäftigt in der Folge der ländervergleichenden Untersuchungen (PISA, TIMS etc.) die Öffentlichkeit. Es zeigt sich dabei, dass Lehrende aktuell und verstärkt durch die PISA-Debatte einer Qualitätskontrolle unterliegen, dabei aber nicht mehr in der Lage sind, mit den gängigen Methoden und Mitteln das durchsetzen zu können, was von ihnen verlangt wird. Die große Kluft zwischen dem Ideal des von ihnen Verlangten und dem, was sie real leisten können, verdeutlicht sich anhand zahlreicher Diskussionen in und außerhalb der schulischen Bildungsarbeit. Daraus, sowie aus weiteren beobachtbaren Prozessen der Neuformierung entwickelt sich wiederum neuer Konfliktstoff, der bearbeitet werden will und gesellschaftlichen Debatten erneut Aufschwung liefert. Die Berliner Senatsverwaltung für Schulwesen hat die Voraussetzungen für Schulmediation geschaffen. Der schulische Rahmen ist eines der in den letzten Jahren intensiv eingebrachten Anwendungsfelder für Mediation und mediatives Konfliktmanagement. Bei den vorliegenden Ergebnissen zum Einsatz von Schulmediation liegt es nahe, dass deren Erweiterung durch den Ansatzes Mediative Kommunikation[59] die bisher evaluierten Positiveffekte steigern kann.[60]

Die mit den qualitativen Interviews begonnene Forschung entlang des Themas Mediative Kompetenz wurde anhand von durch eine umfangreiche Fragebogenstudie begleiteten Seminaren (IMIK/ TU Chemnitz, Siemens Berlin, FU Berlin)

---

59   Hier wird zwischen Erziehungswissenschaft und Lehrerbildung unterschieden.
60   Einen evaluativen Überblick gibt bspw. die vom Institut des Rauhen Hauses für Soziale Praxis gGmbH (isp), der Camino – Werkstatt für Fortbildung, Praxisbegleitung und Forschung im sozialen Bereich gGmbH und dem Institut für Sozialpädagogische Forschung Mainz e.V. (ism) herausgegebene Broschüre „Evaluation von Mediationsprogrammen an Schulen" (Behn, Kügler et al. 2006).

fortgeführt. Weitere Fragen waren: Gibt es eine Mediative Kompetenz, die entsteht? Und wenn ja: Was ist das Konstrukt Mediative Kompetenz? Was ist das Konstrukt einer Mediativen Haltung? Und dann konkreter: Was sind Elemente einer Mediativen Haltung? Was sind mediative Elemente? Als zentraler Untersuchungsgegenstand kristallisiertes sich dabei einerseits die Auswirkung von Vermittlung mediativer Kompetenzelemente (so wie sie sich anhand der Untersuchungsergebnisse formierten und in Klappenbach 2006/11 und 2009a zusammengefasst wurden) auf den Alltag heraus. Andererseits rückte die Frage weiter in den Mittelpunkt, welche Veränderungen dies in der Persönlichkeit bewirken kann. Wesentliche Stichworte dazu sind: Souveränität im Umgang mit Konflikten, Toleranz, Ambiguitätstoleranz sowie auch intrinsische Motivation.

Über den Rahmen der Schulen hinaus verweisen die zahlreichen gesellschaftlichen wie auch die politischen Debatten ganz offensichtlich auf viel (ungelöstes) als sozial und (inter- oder auch trans-)kulturell bezeichnetes Konfliktpotential. Die Begleitdiskussion in den Medien zeigt seit Jahren deutlich, dass der Bedarf an geeigneten Konfliktumgangsmethoden dringend und offiziell anzugehen ist. Einen der Gründe dafür bildet die Auflösung alter Strukturen, für die sich im Neuformierungsprozess erst hinreichender Ersatz herausbilden muss. Aus diesen allgegenwärtigen Entwicklungen heraus, die zum Zeitpunkt der Gewinnung des hier nachträglich veröffentlichten Interviewmaterials ebenso aktuell waren wie heute, ergab und ergibt sich die Notwendigkeit, im Rahmen von Mediationsausbildungen zu reagieren: Es stellte sich immer wieder die grundsätzliche Frage danach, wie die Verbesserung der aktuellen gesellschaftlichen Situation aus dem Rahmen der Mediations(ausbildungs)arbeit am besten anzugehen ist. Ob man dem Bedarf durch den erhöhten Einsatz von MediatorInnen versucht, gerecht zu werden oder ob es sinnvoller ist, ‚die Menschen heute' (die Prozessteilnehmenden) dabei zu unterstützen, selbst mehr mediative Kompetenzen zu entwickeln. Diese Frage ließ sich zum Zeitpunkt der Interviews anhand der Situation auf dem ‚Markt' zumindest tendenziell zugunsten der Förderung einer Qualifizierung der einzelnen Prozessteilnehmenden durch eine derartige Erweiterung des Mediations- und -ausbildungsangebotes beantworten. Die integrative Mediationsausbildung, die nachfolgend am Beispiel des Modul A: Mediation in pädagogischen Handlungsfeldern an der Freien Universität Berlin im Rahmen des Bachelorstudienganges „Erziehung, Bildung und Qualitätssicherung" seit 2005 umgesetzt und fokussiert wird, ist ein solches Angebot.

Weitergeführt wurde die Untersuchung anhand der Fragen: Welche Besonderheiten sind zu beachten, wenn Mediation im Alltag eingesetzt werden soll? Was sind die Hindernisse, die beim Einsatz auftauchen? Und: Wie kann man den Transfer erleichtern? Schließlich wurden die Ergebnisse und das vorhandene

Material noch einmal zusammenfassend unter den genannten Aspekten betrachtet.

Als Hindernisse beim Transfer der Elemente aus dem Konfliktlösungsverfahren der Mediation in den Alltag wurden besonders deren ursprüngliche Verfahrensförmigkeit, das Wegfallen des sicheren Rahmens sowie weitere Einschränkungen des artifiziellen Kontextes deutlich. Zusammenfassend ist hier festzuhalten: Laut der Aussagen in den Interviews hat eine Mediationsausbildung grundsätzlich positive Auswirkungen auf den Umgang mit Diversität. Sie wird als hilfreich in interkultureller Arbeit und bei Anforderungen des Diversitätsmanagements bewertet. Da Mediation in ihrer traditionellen Verfahrensform erst im Konfliktfall ansetzt, war deren Einsatzbereich allerdings (u.a. um die Perspektive auf Konfliktpotential) zu erweitern, um die Anwendung in der alltäglichen Arbeitspraxis zu optimieren.

3 Das Modell der Integrativen Mediationsausbildung mit dem Vermittlungsansatz Mediative Kommunikation

Nicht nur die vorausgehend erläuterten Interviews, sondern auch Evaluationsergebnisse und Erkenntnisse aus dem Wirtschaftsbereich weisen darauf hin, dass sich Arbeitsabläufe durch eine positive Arbeitsatmosphäre, Fähigkeiten in Konfliktmanagement und gelingende Kommunikationsprozesse effektiver und wirtschaftlicher gestalten lassen[61]. Besonders aussagekräftig ist in diesem Zusammenhang die Dialektik „Macht kann auch durch Machtverzicht gewinnen" (Heintel/Krainer 2004, S.70). Die Untersuchungen zur Wirkungsweise von Ausbildungen im Bereich mediativen Konfliktmanagements bestätigen, dass derart qualifizierte Arbeitskräfte zu einer konstruktiven Gesprächs- und Konfliktkultur beitragen. Nicht umsonst bildet dies eine ausgewiesene und in Bewerbungen gefragte Schlüsselkompetenz. Auch der Erwerb von im Ausbildungsangebot enthaltenen Kompetenzelementen wie die Methode der Verhandlung nach dem Harvard-Konzept bieten auf dem Markt durchaus unter Aspekten der Wirtschaftlichkeit diskutierte und nachgefragte Qualifikationen.

In der Konkretisierung des Anwendungsspektrums von Mediativer Kommunikation zeigt die Praxis, dass sich Mediative Kommunikation sowohl subjekt- als auch objektorientiert anwenden lässt (vgl. Klappenbach 2006/11, S. 209ff): Aus der Tradition heraus ist das Naheliegende eine Anwendung der Mediativen Kommunikation im zwischenmenschlichen Rahmen: zwischen Einzelpersonen oder/und Gruppen. Die einzelnen Elemente der Mediation werden wie beschrieben aus ihrem Rahmen gelöst und situationsbezogen auf Basis einer ‚Mediativen Hintergrundhaltung' zusammengestellt. Die Evaluationsergebnisse und Rückmeldungen aus den Teilnehmendengruppen zeigen, dass sich dies auch verhältnismäßig leicht umsetzen lässt. Dies gilt auch für die intra-personale Anwendung zur Selbstklärung, Zielorientierung, zum konstruktiven Umgang mit eigenen Gefühlen, Bedürfnissen, Wünschen und Verhaltensweisen. Eine weitere Anwendungsform, die Nutzung der Mediativen Kommunikation zur Fokussierung von Konzepten[62], setzt laut der bisherigen Rückmeldungen i.d.R. mehr Übung vor-

---

61 Vgl. hierzu: Zweisicht 2003; Wietasch et al. 2006; PriceWaterhouseCoopers /Viadrina 2005; Paterna/Gamm 2005; Faller 2006, S.177; Irle 2003, S.60; Heintel/Krainer 2004; Schwertfeger 2003

62 Als ein Beispiel für die praktische Anwendung mediativer Kommunikation in der Arbeit mit Konzepten lässt sich hier auf den Ansatz von Valborg Edert (www.peaceresources.net) bei der

aus. (In der Bedarfsstruktur der bisherigen Zielgruppen zeichnete sich v.a. zum Ende der Ausbildung ein deutliches Interesse ab. Mit zunehmender Ausrichtung des erziehungswissenschaftlichen Profils der Freien Universität Berlin auf den Schwerpunkt Forschung ließ sich ein früher geäußertes und verstärktes Interesse wahrnehmen.)

Mit Blick auf Mediative Kommunikation als praktischer Ansatz zum Diversitätsmanagement lässt sich hier ergänzen: Die rasche Verbreitung der neuen Methoden zu Konfliktmanagement und Mediation zeigen einerseits, dass es in der Gesellschaft einen großen Bedarf gibt und dass sich die Methoden bewährt haben. Anhand der unterschiedlichen gesellschaftlichen Entwicklungen (Einwanderung, Zerfall traditioneller Strukturen, Entwicklung neuer Medien, Globalisierung etc.) erscheint eine Methode wie Mediation, die auch interkulturelle Aspekte mit einbezieht, offensichtlich als Qualifikation(selement) immer wichtiger. Angesichts der Möglichkeiten und des Bedarfes zeigt sich, dass das punktuelle Angebot durch speziell ausgebildete Mediator/inn/en nicht ausreicht.

Die zunehmende Ressourcenverknappung bei gleichzeitiger Erhöhung der Anforderungen an den Einzelnen, die (u.a.) für die Situation im pädagogischen Arbeitsbereich kennzeichnend ist, spiegelt sich auch wider in den Erwartungen der Teilnehmenden von Aus- und Weiterbildungen. Im pädagogischen Arbeitsbereich finden sich Ursprünge für veränderte Kund/inn/enerwartungen z.B. in der häufigen Überforderungssituation der sozial und pädagogisch Handelnden, die zusätzlich zu den grundsätzlich steigenden Anforderungen aktuell zahlreich Maßnahmen zur Verbesserung und Qualitätssicherung umsetzen sollen und dies in der Realität und mit den bisherigen Verfahrensweisen selten erfüllen bzw. nur erschwert leisten können. Erwartungen im Zusammenhang mit der integrativen Mediationsausbildung sind u.a. Praxisorientierung, Anleitung bei der Umsetzung des Gelernten sowie schnell wahrnehmbare Effekte in der Wirksamkeit sowie Nachhaltigkeit der Interventionen, ein breites Anwendungsfeld, größtmögliche Flexibilität zu deren Einsatz. Dies macht es naheliegend, den Alltag und das Seminar als Übungsrahmen zu nutzen, wie es durch Mediative Kommunikation als vermittlungsansatz passiert.

An der Freien Universität Berlin begann im Oktober 2004 die Ersterprobung von Mediativer Kommunikation als ein hochschuldidaktischer Vermittlungsansatz im Rahmen des wissenschaftlich begleiteten Hauptseminars „Mediative Kommunikation als integrativer Prozess". Die Ergebnisse wurden mit denen aus Mediationsseminaren ohne das Konzept Mediativer Kommunikation und mit denen aus Seminaren zur Interkulturellen Kompetenzentwicklung verglichen. An-

---

Umsetzung von Mediationsmodellen in afrikanischen Kontexten durch die 6-Schritte-Methodenanpassung „conflict-in-context" verweisen.

schließend wurde durch einen zweiten, aktualisierten Durchgang mit dem Titel „Mediative Kommunikation als integrativer Prozess: Theorie – Praxis – Diskurs" mit zu annähernd gleichen Teilen bisheriger und neuer Teilnehmenden zur Erstellung des aktuellen Grundlagenkonzeptes Klappenbach 2006/11 ergänzt.

Seit Oktober 2005 findet es Anwendung im Rahmen des erziehungswissenschaftlichen Kernfach-Bachelors „Bildung, Erziehung und Qualitätssicherung" im „Modul A: Mediation in pädagogischen Handlungsfeldern" – in Vermittlung und methodischer Ausbildung. Die Arbeit mit dem Handbuch (bzw. Skript) fördert einen zweigleisigen Lernprozess, der das Lernen der Methode auf den Alltag ausdehnt, wissenschaftlich begleitet und untersucht.

Die Rückmeldungen aus der Phase der Vorab-Erprobung und den bisherigen Durchgängen der integrativen Mediationsausbildung an der FU Berlin zeigen in Anknüpfung an die in Kapitel 2 dargestellten Untersuchungsinhalte weiteres Material zum Thema Wirksamkeit und Optimierung von Mediationsausbildung und wird in diesem Kapitel ausführlicher dargestellt.

In Bezug auf die integrative Ausbildung ist hier noch auf einen weiteren Aspekt hinzuweisen: auf den Beitrag, den ein solches Angebot bereits integriert in die grundständige Ausbildung zukünftig pädagogisch Arbeitender leistet. Mit verhältnismäßig geringem finanziellem Aufwand gelingt es, die Absolvierenden zum konstruktiven Umgang mit eigenen Gefühlen und Bedürfnissen anzuleiten und sie mit einer erweiterten Gesprächs- und Handlungskompetenz auszustatten. Im Begleiteffekt trägt dies dazu bei, berufstypischen Erscheinungen wie psychosomatischen Erkrankungen (Burn-Out etc.) oder Mobbing vorzubeugen.[63] Kommunikationskompetenz ist demnach nur ein Aspekt, der in der Ausbildung zu berücksichtigen ist. Eine entsprechende Konfliktkompetenz braucht eine Ausbildung über grundlegende Kommunikationskompetenz heraus.

3.1 Mediative Kommunikation als alltagsbezogenes Kompetenzvermittlungsmodell

Die im Zusammenhang mit der Hochschulreform betonte Anforderung, wissenschaftliches Wissen und anwendungsbezogene Kompetenzen für die pädagogische und soziale Praxis in der Vermittlung zu kombinieren, führt zwangsläufig zu einer Konfrontation mit dem u.a. für die Erziehungswissenschaft grundlegen-

---

63 Auch anhand dieser Situation erscheint es mir wichtig, hier einige Hintergründe, die zur Entwicklung der integrativen Ausbildung beigetragen haben, transparent zu machen.

den „Theorie-Praxis Problem" (Arnold 1996; Backes-Haase 1998;1999)[64]: Diskutiert wird der angemessene Umgang damit, dass die Erziehungswissenschaft zur Erklärung alltagspraktischer Phänomene Fachbegriffe konstruiert und Erkenntnisse auf dieser Basis ableitet. Begriffe und Fakten, die Bezeichnung und das Bezeichnete, *„Wort und Objekt"* (Oelkers 1991, S.15), *„Text und Realität"* (Flick 1995, S.44), *„individuell erzeugte Erfahrungsbereiche, denen wir Objekte und Realitäten zuordnen"* (Maturana 1996, S.54), „Begriff und Sinnlichkeit" (Gamm 1994, S.12) sind voneinander abzugrenzen. Dies ist aber (u.a.) in der Erziehungswissenschaft teilweise gar nicht möglich[65]. Mediationsausbildung beinhaltet wesentliche Bausteine, um vermittelte Theorien und erfahrene Praxis miteinander zu verbinden: Eine ressourcenorientierte mediative Herangehensweise an Konfliktsituationen ermöglicht den Lernenden, Handlungskompetenzen zum Umgang mit Unerwartetem und Widersprüchlichkeiten zu erwerben, die sie im Umgang mit dem Theorie-Praxis-Problem nutzen können. Der Einbezug des Alltags als Lernfeld für Vermittlungsinhalte, der im integrativen Modell „Mediation in pädagogischen Handlungsfeldern" an der FU Berlin durch das gezielt alltagsbezogene Training von Mediativer Kommunikation erfolgt, hilft dabei, die

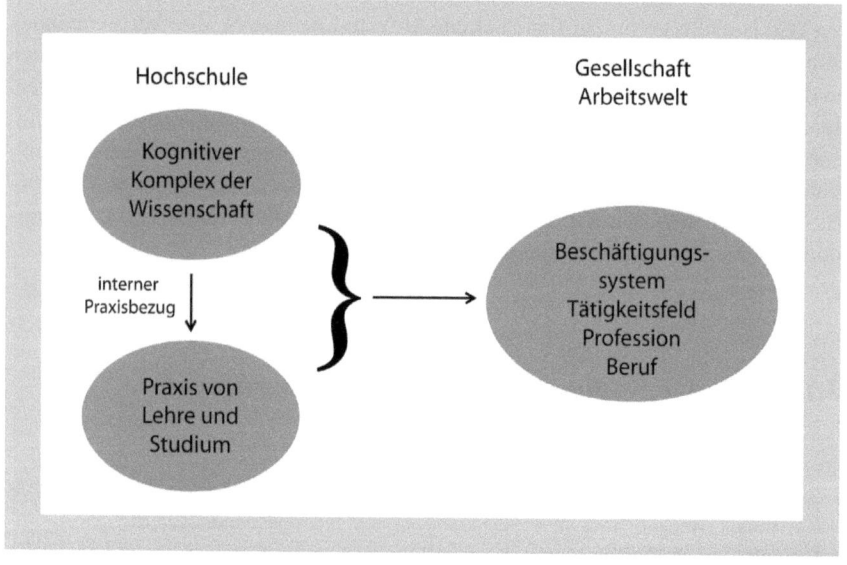

Abb. 6: Doppelter Praxisbezug nach Wildt (2007, S. 33)

---

64 vgl. Klappenbach 2009a, S.38-41
65 Vgl. Klappenbach 2009b, S. 281ff.

gelernten Theorien schon vor dem Einstieg in den späteren Beruf mit Praxiserfahrungen zu verbinden und das Erlebte zu reflektieren. Für die angestrebte Tätigkeit der Studierenden kann eine solche Praxis bereits Sicherheit und Stabilität geben, die den Berufseinstieg erleichtert.

„*Was jemand nach jahrelanger Praxis gebrauchen kann, braucht wer am Anfang steht erst recht.*" (Person Ewi 2 346-347) Dieses Zitat aus einem der vor der Konzeption der integrativen Ausbildung mit Erziehungswissenschaftstudierenden kurz vor ihrem Abschluss durchgeführten qualitativen Interviews veranschaulicht einen weiteren wesentlichen Aspekt: Die starke Nachfrage an Mediationsaus- und -weiterbildung insbesondere durch diese Zielgruppe lässt sich zu einem Teil darauf zurückführen, dass das Theorie-Praxis-Problem sich für viele sozial und pädagogisch Tätige auch mit Berufserfahrung als Hindernis bei der Arbeit darstellt und eine mediative Kompetenzerweiterung hier als hilfreich erlebt und weiterempfohlen wird (vgl. Klappenbach 2005;2007).

Abb. 7: Multiplikationseffekt zur Implementierung von Mediationskompetenz

Konflikte können durch eine entsprechende Befähigung der Beteiligten als Lernanlass begriffen und genutzt werden. Für Erziehungswissenschaftler/innen bedeutet dies beispielsweise, dass sie diese Kompetenz zum Einen brauchen, um mit Anforderungen der Arbeitspraxis wie Konflikten und Konfliktpotential souverän, konstruktiv, nachhaltig und flexibel anhand von situationsgerecht anwendbaren Handlungsalternativen gerecht werden zu können. Zum Anderen sind sie Multiplikator/inn/en einer solchen Kompetenz und mit der Aufgabe betraut, ihrer Klientel Grundlagen im Umgang mit konfliktträchtigen Situationen zu vermitteln.

Zusammenfassend lässt sich hier auf Basis der bereits veröffentlichten Materialien ergänzen: Bei der Konzeption des integrativen Ausbildungsmodells, das im Zusammenhang mit der anstehenden Modularisierung der erziehungswissenschaftlichen Studiengänge an der FU Berlin 2002 auf Basis einer Bedarfsanalyse am Fachbereich Erziehungswissenschaft und Psychologie konzipiert wurde, wurden sowohl die herkömmlichen Studieninhalte als auch Anforderungssituationen für die Absolvent/inn/en untersucht, die Reformanliegen (auf den Ebenen Bologna, FU Berlin, Fachbereich) einbezogen. Weiterhin berücksichtigt wurden die zunächst für und in Deutschland negativ propagierten Prognosen in Bezug auf die neu einzurichtenden Bachelor-Abschlüsse und die berufliche Perspektive von Erziehungswissenschaftler/innen (Diplom, Bachelor und Master) im Vergleich mit der von Absolvierenden weiterer sozialer und pädagogischer Studiengänge und Ausbildungen. Die Analyse der Vermittlungssituation am Fachbereich Erziehungswissenschaft und Psychologie der Freien Universität Berlin zeigte einen deutlichen Bedarf an zusätzlichen Inhalten im Bereich von Konfliktmanagement und Verhandlungskompetenz als zwei von Akteur/inn/en erziehungswissenschaftlicher, pädagogischer und sozialer Arbeit als zunehmend wichtiger werdend bewertete Kompetenzkategorien. Die Frage nach hilfreichen Elementen führte, wie einführend beschrieben, immer wieder zu Methoden und theoretischen Ansätzen, die derzeit in Mediationsausbildungen vermittelt wurden. Die Interviews zeichneten diesen Bedarf an zusätzlichen Konfliktbewältigungsstrategien, die durch Mediationsausbildung vermittelt wurden, ab und verweisen mit zahlreichen Beispielen auf den Effekt der Bedarfs- und Ressourcenorientierung, der sich auch im hier untersuchten Ausbildungsangebot wiederfindet.

Absolvent/inn/en der Erziehungswissenschaft berichteten sowohl aus der Praxis als auch aus der Wissenschaft und Forschung vielfach von dem Druck, der u.a. dadurch entsteht, dem Anspruch gerecht zu werden, als Verantwortliche für Menschen oder Konzepte Entscheidungen für ‚das Richtige', im Sinne von förderlich, sozial erwünscht, effektiv usw. zu treffen. Ein weiteres als wesentlich reflektiertes Thema war der Umgang mit (v.a. der eigenen) Autorität.[66] Bei der Konzeption der integrativen Ausbildung wurde der Vermittlungsansatz der Me-

---

66 Hier fand sich eine Parallele zu Ergebnissen aus Befragungen von Führungskräften und im Personalmanagement Tätigen, die ich kurz zuvor für ein Mediationsinstitut durchgeführt hatte. Die Fragestellung lässt sich hier vereinfacht als: ‚Wozu machen Sie Ihre Mediationsausbildung, wenn Sie sich mit erfolgreichem Abschluss nicht als MediatorIn auf den Markt stellen wollen?' formulieren.

diativen Kommunikation als eine Synthese der als am hilfreichsten evaluierten Methoden (nicht aus der Mediation, sondern) aus Mediationsausbildungen (dies ist ein wesentlicher Unterschied) mit weiteren wesentlichen Kompetenzentwicklungselementen und Methoden verknüpft. Er wurde unter der Zielstellung, den Bedarf der Erziehungswissenschaftstudierenden dadurch zu decken, entsprechend aufbereitet. Als ein Modell von mediativer Kompetenz, welches im Rahmen von Diversitätsmanagement[67] durch eine erweiterte Kombination aus Modellen mediatorischer und interkultureller Kompetenz optimiert Verwendung finden kann, wurde der Vermittlungsansatz schließlich dem Konzept integrativer Mediationsausbildung zugrunde gelegt.

3.2 Inhalte und Aufbaustruktur des integrativen Mediationsausbildungsangebotes (FU Berlin)

Das Studienmodul A: Mediation in pädagogischen Handlungsfeldern bietet den Studierenden zusammenfassend beschrieben eine Möglichkeit, sich bereits innerhalb des Bachelorstudiengangs berufspraktisch zu qualifizieren.[68] Es wurde deshalb dem Bereich Allgemeine Berufliche Vorbereitung (ABV) als eines von 3 Modulen, unter denen die Studierenden 2 zu wählen hatten, zugeordnet. Grundwissen und -methoden der Mediation werden anhand einer Kombination aus Literatur-, Theoriestudium und praktischem Übungsseminar so vermittelt, dass sich Theorie und Praxis zu einer fundierten Handlungskompetenz verbinden können. Inhalt und Aufbau des Moduls berücksichtigen die Standards der Mediationsverbände, um eine Qualitätssicherung dieser berufspraktischen Ausbildung für die einzelnen Teilnehmenden in Form einer Anerkennung beispielsweise durch den Bundesverband Mediation e.V.[69] (der Mitglieder aus diversen Berufsfeldern um-

---

67 zunächst bezogen auf die regionale Anwendung in Deutschland
68 Angerechnet werden dabei als Grundausbildung Mediation (120 h) nach den BM-Standards jeweils 45 Zeitstunden für Teilmodul A (Grundlagen der Mediation) und Teilmodul B (methodisches Handwerkszeug). Bis zu drei Fehltermine in der gesamten Ausbildung können durch die inhaltliche Arbeit an der Hausarbeit, die in der Anrechnung sonst nicht berücksichtigt ist, ausgeglichen werden. 5 Zeitstunden der Vor- und Nachbereitung der Seminare werden als zusätzlich gezählt. 20 Stunden sind durch ergänzende Gruppenarbeit in Coachteams und Intervisionsgruppen zu belegen. 5 weitere Stunden werden für die während der gesamten Ausbildung laufende Portfolioreflexion hinzugezählt, welche durch insgesamt zwei abzugebende, leitfadengestützte Fazits nach jedem Halbjahr nachzuweisen ist.
69 Wesentliche inhaltliche Standardelemente sind Theorie und Praxis unterschiedlicher Mediationsansätze: Anwendungsbereiche der Mediation und Abgrenzung zu anderen Verfahren, Einführung des ethischen Selbstverständnisses für Mediation, multidisziplinärer Hintergrund der Mediation, Rahmen, Setting und Phasen der Mediation, Haltung und Rolle der/s MediatorIn,

fasst) zu ermöglichen[70]. Im Modell der integrativen Mediationsausbildung wird dies folgendermaßen umgesetzt[71]:

Aufbaustruktur Modul A: Mediation in pädagogischen Handlungsfeldern			
Wintersemester (1)		Sommersemester (2)	
Teilmodul A 1.1	Teilmodul A 2.1	Teilmodul A 1.2	Teilmodul A 2.2
Mediation in pädagogischen Handlungsfeldern	Methoden und Techniken der Mediation	Formen und Anwendungsbereiche der Mediation	Mediation und Mediative Kommunikation: Methoden und Techniken im Aufbau
Theoretische und berufspraktische Grundlagen zu Konfliktmanagement und Mediation	Praxisorientierte Vermittlung der Mediativen Elemente	Grundlagen zur Spezialisierung und Professionalisierung	Fallarbeit, Reflexion und Praxisfeldentwicklung
Hier beispielhaft ausgewählte inhaltliche Elemente sind			
Ansätze, Prinzipien, Hintergrund und Haltung mediativen Konfliktmanagements sowie Reflexion und Bezug zu Anforderungen pädagogischer Handlungsfelder, Allparteilichkeit, Personzentrierung, Positivsummenspiel/WinWin-Prinzip etc., Mediation im Phasenmodell und in erweiterter Anwendung	*Zielgerichtete, bedürfnisorientierte, effektivitätssteigernde und empathische Kommunikation, Methoden, Techniken mediativer Kommunikation und Gesprächsführung, (präventive) Interventionen im Umgang mit Konflikten, Perspektiven im Gespräch, Harvard-Konzept etc. (vgl. Klappenbach 2006)*	*Familienmediation, Schulmediation, Team-/Gruppen-/Systemische/ Mehrparteienmediation, Mediation mit Kindern und Jugendlichen, in Wirtschaft und Arbeitswelt, in Interkulturellen Kontexten, TOA, Institutionalisierte, gerichtliche, gerichtsnahe Mediation*	*Fallbeispiele, Übung und Ergänzung zur Anwendung von Mediation und Mediativer Kommunikation, Hilfestellung zur berufspraktischen Umsetzung des Gelernten, Visionen und erste Anleitung zur Erprobung der eigenen Spezialisierung, Ausbildungssupervision zur Förderung der individuellen Kompetenzentwicklung der Einzelnen, Zielformulierungen*

Abb. 8: Inhalt und Aufbau des Angebotes „Mediation in pädagogischen Handlungsfeldern"
(vgl. Klappenbach 2009a, S. 374-375)

Konflikttheorie und -interventionen, Selbsterfahrung und Selbstreflexion, Gesprächs- und Interventionstechniken, Grundkenntnisse aus Psychologie, Sozial- und Kommunikationswissenschaften, Mediation und Recht. (vgl. www.bmev.de)

70   Sowohl die Konzeptions- und Vorbereitungsphase als auch die Durchführung des Mediationsmoduls an der Freien Universität Berlin wurde und wird durch qualitative und quantitative Forschung begleitet. Die Forschungsbeteiligung ist eine zusätzliche, formale Voraussetzung für den erfolgreichen Abschluss des Ausbildungsmoduls.

71   Dieser Überblick ist zum Teil Klappenbach 2009a, S. 374-375 (Anhang) entnommen.

Das aktuelle Konzept ermöglicht durch die – dank der engagierten Rückmeldungen der Studierenden – fortlaufende Optimierung, die Anerkennungsperspektive noch stärker in Richtung anderer Beratungsformate auszurichten: Es bezieht aktuell auch Standards weiterer Qualitätssicherungsorgane (Fachverbände für Mediation in Deutschland, Österreich und der Schweiz, Deutscher Verband für Coaching und Training etc.) gezielt in den Bereichen Beratung, Coaching und Training (als Kompetenzfelder, die für Erziehungswissenschaftler/innen in allen Berufsfeldern zentral sind) ein. Es wurde dahingehend in den vergangenen Jahren in Kenntnis der jeweiligen Standards laufend aktualisiert.

Die aus der Mediation stammenden Methoden werden auf Basis des Ansatzes der Mediativen Kommunikation so aufbereitet und vermittelt, dass sie im privaten Alltag (begleitend zu Seminar und dort durchgeführten Übungen) genutzt und im beruflichen Kontext losgelöst von deren traditionellem Setting frei angewendet werden können. Im Seminar werden Erfahrungen besprochen und angeregt. Ebenso wird über Gefühle und Bedürfnisse, die bei den einzelnen Studierenden während der Übungen und Seminardiskussionen sichtbar werden, gesprochen – insbesondere, um Ziele individueller Handlungsstrategien (wie auch Glaubenssätze, Kontrollüberzeugungen etc.) v.a. in Konflikt und Konfliktbearbeitung reflektieren zu können und die Entwicklung von Verhaltensalternativen zu unterstützen. Die (Selbst)Wahrnehmung soll dabei erhöht werden, um im beruflichen Alltag ein professionalisiertes Herangehen an Herausforderungen pädagogischen und mediativen Handelns zu fördern. Wege pädagogischen Agierens werden mit Varianten aus einer mediativen haltung heraus ergänzend gegenübergestellt.

Auf Grundlage der bisherigen Untersuchungsergebnisse zur Anwendung von Mediation im ungebundenen Kontext unter besonderer Berücksichtigung des Anwendungsfeldes pädagogischer Arbeit werden deren Bestandteile dabei optimierend transformiert und bedarfsgerecht ergänzt. Hierzu erwiesen sich insbesondere die Ansätze aus Psychologie und Soziologie, u.a. Erkenntnisse aus der Arbeitspraxis von Supervision, Beratung und Gesprächstherapie als hilfreich, die gezielt für die alltägliche berufliche und private Anwendung aufbereitet sind.

3.3 Der hochschuldidaktischen Konzeption zugrunde gelegte empirische Arbeiten zu Qualifizierungsangeboten in mediativer Kompetenz

In der hochschuldidaktischen Arbeit im Themenfeld Mediative Kompetenz werden sowohl Konflikttheorie und Selbstreflexion im Umgang mit Konflikten als auch Grundwissen zum Thema Konfliktmanagement im Allgemeinen, spezifische Inhalte zur Mediation bis hin zu ganzen (durch die Bundesverbände Mediation anerkannten) Ausbildungen sowie Erweiterungsformen für die Anwendung im Alltag wie die der Mediativen Kommunikation gelehrt. Zusätzlich werden Inhalte betrachtet, die sich auf konkrete Aspekte der vielfältigen Anwendungsbereiche der Mediation beziehen (z.B. Interkulturelle Mediation). Die Entwicklung von Toleranz, Ambiguitätstoleranz und Souveränität im Umgang mit Heterogenität bzw. Diversität wird so auf unterschiedlichen Wegen erzielt. Selbstreflexive Elemente werden durch Methodenkompetenz vervollständigt. Durch den Perspektivwechsel von Positionen zu dahinterliegenden Interessen werden Handlungsalternativen erweitert.

Aus der Analyse empirischer Arbeiten zu Qualifizierungsangeboten in mediativer Kompetenz lässt sich hier zusammenfassen, dass sich Forschung, Evaluationen und empirische Erhebungen abgesehen von der Grundlagenforschung im Themenbereich Konflikt und Mediation aus verschiedenen Fachbereichen wie Ethnologie, Soziologie, Rechtswissenschaften, Kriminologie weitgehend auf einzelne Anwendungs- und Arbeitsbereiche der Mediation beziehen.[72] Gemessen am jeweiligen Forschungsinteresse wird der Schwerpunkt auf experimentelle Forschung über Effekte und Ablauf der Mediation oder auf Untersuchungen zur Implementation und Evaluation von Mediationseinrichtungen gelegt.[73]

Für das integrative Ausbildungsmodell werden überdies die umfassenden empirischen Arbeiten des Berghof Forschungszentrums für Konstruktive Konfliktbearbeitung sowohl zum Themenbereich Mediation/Konfliktmanagement als auch zu Qualifizierungsangeboten in der Mediation zur Vermittlung Mediativer Kompetenz herangezogen (vgl. Ropers 1997; Fischer 2001; Austin/Fischer/Ropers 2004). Das Zentrum erforscht seit 1993 schwerpunktmäßig konstruktive Verfahren und Modelle für die Bearbeitung ethnopolitischer und soziokultureller Konflikte in Europa und unterstützt und begleitet wissenschaftlich ihre Anwendung in der Praxis. Als relevant betrachtet wurde in diesem zusammenhang beispielsweise die Entwicklung von Modellworkshops zum Konfliktmanagement in

---

[72] Hilfreiche Studien und Materialien zur empirischen Untersuchung bieten beispielsweise das Institut für Faires Konfliktmanagement und Mediation im Rahmen der Quak-Dokumentation (vgl. Budde 2001), die Fachhochschule Hamburg im Rahmen des Forschungsprojektes Mediation im Betrieb (vgl. Forschungsprojekt Mediation im Betrieb 1999), die Arbeitsgemeinschaft für Friedens- und Konfliktforschung (AFK), die Arbeitsstelle Friedensforschung Bonn (AFB), die Stiftung Entwicklung und Frieden, die European Platform for Conflict Prevention and Transformation des European Centre for Conflict Prevention und die Plattform Zivile Konfliktbearbeitung.

[73] Zunehmend finden sich in Projektanträgen (Xenos/Leben und Arbeiten in Vielfalt; DFG; LOS) Zielstellungen, die die Implementierung einer konstruktiven Konfliktkultur hervorheben, die die vorliegende Arbeit zur Umsetzung von Gleichstellung im Sinne des AGG impliziert.

ethnonationalen Spannungsfeldern unter der Trägerschaft einer deutschen Organisation und in Kooperation mit verschiedenen Organisationen in Rumänien und das von der Volkswagen-Stiftung geförderte Projekt "Konfliktkulturen und Interkulturelle Mediation". Die Untersuchung im Rahmen eines Kleingruppenexperiments mit Mediatorinnen und Mediatoren aus den USA, Frankreich und Deutschland ergab dabei, dass eine konstruktive interkulturelle Mediation mit einem multikulturellen Team dann erfolgreicher ist, wenn Teamfindung und Konfliktdynamik systematisch in einem ‚Prozess wechselseitiger Ansteckung' miteinander verknüpft werden können, wie er in einem alltäglichen Lernprozess eher als in punktueller Anwendung des Mediationsverfahrens begünstigt wird (vgl. Ropers 1997; Liebe/Gilbert 1996) – ein Ergebnis, welches sich mit zahlreichen Ansätzen aus dem Bereich Diversity Management deckt. Selbstreflexionen und Evaluationen von Trainingsinhalten und -ergebnissen von Qualifizierungsangeboten in der Mediation beinhalten Arbeiten von Fischer (2001) und Haumersen/Rademacher/Ropers (2002). Im Rahmen der Bedarfsanalyse zur Entwicklung des Konzepts integrativer Mediationsausbildung an der FU Berlin (2002) wurden auch feldverwandte empirische Studien, Materialien und Forschungsergebnisse beispielsweise der Breitenbach-Studie (1979), des Max-Planck-Instituts (vgl. Kuhl 1983; Böhmig-Krumhaar et al. 2002; Büchel/Pannenberg 2002), der Arbeitsstelle für Interkulturelle Pädagogik Universität Münster (vgl. Leiprecht 2001; Bade 2001; Mecheril 2002) und des Berliner Instituts für Vergleichende Sozialforschung e.V. (BIVS) einbezogen. Vorhandene Studienangebote und -projekte wurden im Überblick analysiert und evaluiert. Die Ergebnisse wurden mit denen aus Studien zur beruflichen Sozialisation (Berufssoziologie) verknüpft und bei der Erstellung des Konzeptes zugrunde gelegt (vgl. Klappenbach 2007c). Fragen, die zur Bearbeitung standen, waren: Welche Planungsschritte und Überlegungen gingen dem jeweiligen Vorhaben voraus? Was geschah im Verlauf der Fortbildung? Welche Methoden wurden eingesetzt? Welche Methoden erwiesen sich als gut? Welche allgemeineren Schlussfolgerungen lassen sich aus den Erfahrungen für das Engagement externer Akteurinnen und Akteure (in interethnischen Spannungsfeldern) ziehen?

Grundlegende Fragen, die im Zusammenhang mit der Befragung von Mediierenden und Erziehungswissenschaftabsolvierenden (vgl. Kap. 1.3) standen, sind: Lässt sich eine mediative Haltung in der Universität lernen? Wie kann eine solche Haltung vermittelt werden? Was genau macht diese Haltung im interkulturellen Arbeitsbereich aus? Kann sie in einem ‚abprüfbaren' Curriculum Bestandteil sein? In Bezug auf die EFH Ludwigshafen wurden darüber hinaus die folgenden Fragen formuliert:

„Lässt sich eine Ausbildung in Mediation eigentlich mit Prüfungsleistungen und Klausuren, benoteten Hausarbeiten, Immatrikulationsfristen und Mehrheitsbeschlüssen in Einklang bringen? Gibt es geborene Allianzen oder zwangsläufige Unvereinbarkeiten – etwa zwischen einfühlsamem Zuhören und Aufpassen, damit der Hinweis der Dozentin über die nächste Klausur ankommt, oder der Analyse eigener Praxisfälle und der Zensurenvergabe durch den Dozenten?" (Lange 2001, S. 27)

Auch diese Fragen wurden konzeptionell bei der Gestaltung der integrativen Mediationsausbildung Modul A: Mediation in pädagogischen Handlungsfeldern an der FU Berlin einbezogen. Die Prüfungsform (Hausarbeit am Ende des Moduls zur Reflexion weiterführender Inhalte) wurde entsprechend ausgewählt.

Auswertung und Analyse der empirischen und theoretischen zugrundegelegten Arbeiten orientierten sich dabei eng an den Grundsatzfragen: Was für ein Ausbildungsgang ist an der Freien Universität Berlin sinnvoll, effektiv, möglich und trifft den Bedarf? Wie sollte das Konzept für diesen Ausbildungsgang gestaltet sein? Unter dieser Fragestellung wurden auch Untersuchungen zu Ursachen des allgemeinen Bildungsbedarfs, wie beispielsweise durch Differenz zwischen Anforderung und Fähigkeit, kritische Vorfälle, Organisationsberatung, Weiterbildungsinteressen der Mitarbeitenden und Laufbahnplanung miteinbezogen. Die Bedeutung der sogenannten Mediativen Haltung hat sich auch im Rahmen der vorbereitend und begleitend zum Modul durchgeführten Studie an der Freien Universität Berlin und der Technischen Universität Chemnitz bestätigt (vgl. Klappenbach 2006/11). Sie stellte sich speziell für den verfahrensunabhängigen Einsatz Mediativer Kompetenz in den beruflichen wie privaten Alltag als besonders wichtig dar und bildet daher einen wichtigen Grundpfeiler der Mediativen Kommunikation (Klappenbach 2006/11). Zu den weiterhin wichtigen Bestandteilen in der Vermittlungsarbeit mediativer Kompetenz zählen die Förderung einer konstruktiven Konfliktkultur, einer umfassenden theoretischen Konfliktkompetenz, der persönlichen Konfliktkompetenz, der Konfliktkompetenz in Gruppen, der Bearbeitungs- und Methodenkompetenz sowie einer entsprechenden Umsetzungs- und Kooperationskompetenz.[74] Für einen ausführlichen und aktuellen Überblick ist hier auf „Diversity-Kompetenz in der Erziehungswissenschaft – Eine Strategie zur Umsetzung von Gleichstellung im Zusammenhang mit der aktuellen hochschulreform (Klappenbach 2009b) zu verweisen. Die Erfahrung in den Seminaren und die Begleitforschung zu Modul A zeigen, dass die Studierenden die Hausarbeit (in der sie die Aufgabe hatten, den Bezug zu einem konkreten, praktischen Beispiel herzustellen) als eine sinnvolle Vertiefung der Inhalte erleben können. Die mit dem universitären Rahmen verbundenen Bewertungsaspekte werden in Modul A nach dem Seminarabschluss umgesetzt. Da

---

74 vgl. hierzu: Mitteilung des Landesinstituts für Schule und Weiterbildung. In: Mediationsreport 1/2002, S. 6

die integrative Ausbildung im zweiten Studienjahr durchgeführt wird, ist sie weitgehend entfernt von Fragen der Immatrikulation und der grundsätzlichen Studienorganisation (Immatrikulation und Studienbeginn liegen ein Jahr zurück, der Abschluss und ggf. die Exmatrikulation erfolgen i.d.R. erst Ende des dritten Studienjahres). Die Rolle der Dozent/inn/en lässt sich in vielen Teilen der Rolle einer Ausbilderin oder eines Ausbilders annähern, die Atmosphäre und Arbeitsweise im Seminar verhältnismäßig frei gestalten.

3.4 Integrative Mediationsausbildung als Perspektive zum Diversitätsmanagement

Die zugrundeliegenden Haltungen und Handlungsweisen, wie zum Beispiel die Gewaltfreie Kommunikation nach M. B. Rosenberg und Verhandlungen nach dem Harvard-Konzept (Fisher/Ury/Patton 2000), sind in den meisten kommunikativen Prozessen gewinnbringend – für das Klären und Erklären eigener Interessen, das Wahrnehmen anderer und die Verknüpfung verschiedener Interessen.[75] Auch wenn es zunächst für diejenigen, die eher analytisch als synergetisch heranzugehen gewöhnt sind möglicherweise paradox klingt: Mediative Kommunikation dient hier als Weiterentwicklung des Mediationsansatzes zur Integration des so gewonnenen Wissens in ein extensives Anwendungsspektrum. Sie fördert eine offene, konstruktive Haltung im Miteinander von Überschneidung und Verschiedenartigkeit und begünstigt für die Beteiligten einen klaren Blick auf die jeweilige Situation und die in ihr liegenden, kreativen Gestaltungsmöglichkeiten.

Als methodisches mediatives Kompetenzmodell, das den Verfahrensrahmen der Mediation erweitert, hebt Mediative Kommunikation die stärkste Unterscheidung auf, die sich zwischen Mediation und methodischen Ansätzen Interkultureller Kompetenz im Interventionsanlass (Konflikt) verzeichnen lässt: Im Sinne des erweiterten Kulturbegriffes kennzeichnet sich jede interpersonelle Konfliktsituation durch eine Form interkultureller Begegnung, wenn der Konflikt als eine Unterschiedlichkeit in Denken, Handeln und/oder Wollen definiert ist. Interkulturalität birgt also in sich Potential für Konflikte. Mediative Kompetenzmodelle sind Formen des Umgangs mit Konflikten, während Interkulturelle Kompetenzmodelle auf Formen des Umgangs mit Diversität verweisen. Diver-

---

75 Insbesondere für den Kontext nationaler Diversität zu berücksichtigen war und ist, dass es dennoch der westlichen Kultur entspringt (wie gängige Mediationsverfahren Ursprung im Westen) und es in der konkreten Anwendung natürlich immer einer kritischen Überprüfung bedarf, wobei die Bedarfsorientierung als eine der wichtigsten Grundsätze des Ansatzes, dies in sich mit einbezieht.

sität an sich muss nicht in Form eines verfestigten Konfliktes, der Anlass für eine Mediation bietet, gipfeln, lässt sich aber durchaus als Konfliktpotential bezeichnen (vgl. Klappenbach 2009b, S. 140ff). Diversitätsmanagement und Mediation sind dementsprechend leicht in Zusammenhang zu bringen. Mediation stellt eine optionale Perspektive zum Diversitätsmanagement dar. Zur Kompetenzentwicklung für Diversitätsmanagement im weiteren Sinne ist daher grundlegend, darauf zu achten, dass Mediationsausbildung spezifisch Mediative Kompetenz (vor allem gekennzeichnet durch die mediative Haltung) vermitteln kann[76]. Dies begünstigt den hier am Beispiel der Erziehungswissenschaftler/innen dargestellten Multiplikationsprozess:

Abb. 9: Durch Ausbildung von Erziehungswissenschaftler/inne/n angeregter Multiplikationseffekt

Mit Blick auf Aufgaben und Anforderungen zum Diversitätsmanagement in Deutschland lässt sich hier ergänzen: Auf Bearbeitungsansätze zum Thema Mediatorische Kompetenz als Interaktions- und Kommunikationsfähigkeit sowie Qualifikationselement für einen entsprechenden Umgang mit (kultureller) Diversität verweist bspw. das in der Europäischen Mediationskonferenz 2007 (EMC I) verankerte Schwerpunktthema der *„Entwicklung eines gemeinsamen Verständnisses und einheitlicher Standards von Mediation unter Berücksichtigung der*

---

76 im Gegensatz zu Aus- und Weiterbildungsvarianten, die auf das Phasenmodell der Mediation begrenzt sind

Diversität der Kulturen und Traditionen in Europa, gemeinsamer Werte und einer gemeinsamen ethischen Haltung" (vgl. EMC I 2007, S.1) oder das in das Curriculum des Viadrina-Masters Mediation (EUV) unter der Überschrift *„Risiken und Grenzen der Mediation"* (vgl. ebd. 2008) aufgenommene Thema *„Diversität, Kulturbegriffe und Vorurteile in der Mediation"* (ebd.).[77]

Die Annäherung an den Alltagskontext, die Mediative Kommunikation anbietet, ist hier als wesentlicher Aspekt zu einem Umgang mit Diversität, der auf die politische Ausgangsbasis für erziehungswissenschaftliche, soziale und pädagogische Arbeit (vgl. Klappenbach 2009b) ausgerichtet ist, zu kennzeichnen. Der Schritt in die Verfahrensunabhängigkeit ermöglicht die alltagstaugliche Umsetzung über den Rahmen eines punktuellen Angebotes hinaus, wie er für Erziehungswissenschaftler/innen in der Rolle von Agierenden politischer Veränderung (vgl. Klappenbach 2009b, S. 63ff; 2009a, S.22f) notwendig wird (vgl. Abb. 7 und 9).

Das Kriterium Diversity-Kompetenz wurde im Frühjahr 2008 nach Absprache mit den Frauenbeauftragten der Freien Universität Berlin in die Fachbereichsevaluation Erziehungswissenschaft und Psychologie aufgenommen. Im folgenden Kapitel werden Ergebnisse dieser Evaluation sowie der Begleitforschung veranschaulichend herangezogen, um Wirkungsperspektiven der integrativen Mediationsausbildung daraus abzuleiten.

3.5 Bisherige Evaluationsergebnisse

Ergebnisse aus der Begleitforschung zur integrativen Mediationsausbildung an der FU Berlin zeigen beispielsweise, dass von den Studierenden insbesondere das Herausfiltern von Interessen und Bedürfnissen, Aktives Zuhören und Anerkennung als wirksame Inhalte der Kompetenzentwicklung erlebt wurden:

Ränge	Vermittlungsinhalte	Bewertung
1	Herausfiltern von Interessen und Bedürfnissen	4,785
2	Aktiv Zuhören	4,760
3	Anerkennung	4,605

---

[77] Erweiterte Bearbeitungen gibt es kaum, aber zumindest bei Czollek (2004; 2006; vgl. Kap. 2.4.2). Zu betonen sind hier diesbezügliche Projektberichte, die zum Umgang mit Heterogenität, Diversität, Interkulturalität oder mit dem Ziel der Etablierung einer ‚konstruktiven Konfliktkultur' Mediation und Mediativer Kompetenz heranziehen und die Ergebnisse, wie im Xenos-Zwischenbericht 2005 (vgl. BMAS 2005) praktiziert, im Vergleich mit anderen Herangehensweisen evaluieren.

4	Ich-Botschaften	4,595
5	Gewaltfreie Kommunikation	4,480
6	Allparteilichkeit	4,465
7	Positiv Umformulieren	4,405
8	Phasen der Mediation	4,380
9	Rollenspiele Win Win – Perspektive	4,370
10	Mediationsübungen	4,335
11	Personzentrierte Gesprächsführung	4,205
12	Neutrale Außenposition	4,135
13	Übungen zu Gefühlen	4,125
14	Interventionstechniken	4,080
15	Mediationssetting	4,070
16	Konfliktmanagement	4,065
17	4-Ohren-Modell	3,985
18	Metakommunikation	3,980
19	Harvard-Konzept	3,820
20	Eskalationsstufen	3,625
21	Konflikttypologie	3,315

Abb. 10: Ränge zur Bewertung der Anwendbarkeit von Vermittlungsinhalten Modul A (Ergebnisse aus dem Jahrgang 2007/08;N =60;maximale Bewertung = 5 Punkte;© Doris Klappenbach, Freie Universität Berlin)[78]

Zur Veranschaulichung von möglichen Wirkungsweisen der integrativen Mediationsausbildung lässt sich folgende Übersicht zu Veränderungen in der Selbsteinschätzung der Studierenden heranziehen: siehe dazu folgende Seite.

Es zeigt sich fernab eines Anspruchs auf Validität eine Tendenz, die auf Auswirkungen der Mediationsausbildung im Hinblick auf einen Zuwachs an Toleranz, Ambiguitätstoleranz und Souveränität im Umgang mit konflikthaften Situationen schließen lässt. Die Nachfrage und das Engagement zum Erhalt des Moduls unter den Studierenden erwiesen sich in den letzten 5 Jahren als überdurchschnittlich groß. Das CHE-Hochschulranking (Focus 2009) verweist auf die Relevanz des Mediationsmoduls (vgl. Klappenbach 2009b, S. 385). Die bisher bereits absehbaren Ergebnisse der aktuell noch in der Auswertung befindlichen Begleitforschung zur integrativen Mediationsausbildung signalisieren sowohl die Wirksamkeit der integrativen Mediationsausbildung bei der Überbrü-

---

78 Dieses Ergebnis ist hier exemplarisch ausgewählt, da die Auswertung in diesem Jahrgang bereits mit graphischer Darstellung vorliegt.

ckung des Theorie-Praxis-Problems als auch dessen Beitrag zur fortschreitenden Implementierung von Mediationskompetenz (im Sinne des in Abb. 7 und 9 dargestellten Schneeballeffekts). Darüber hinaus wird die erfolgreiche Entwicklung von Kernkompetenzen zum Diversitätsmanagement deutlich.

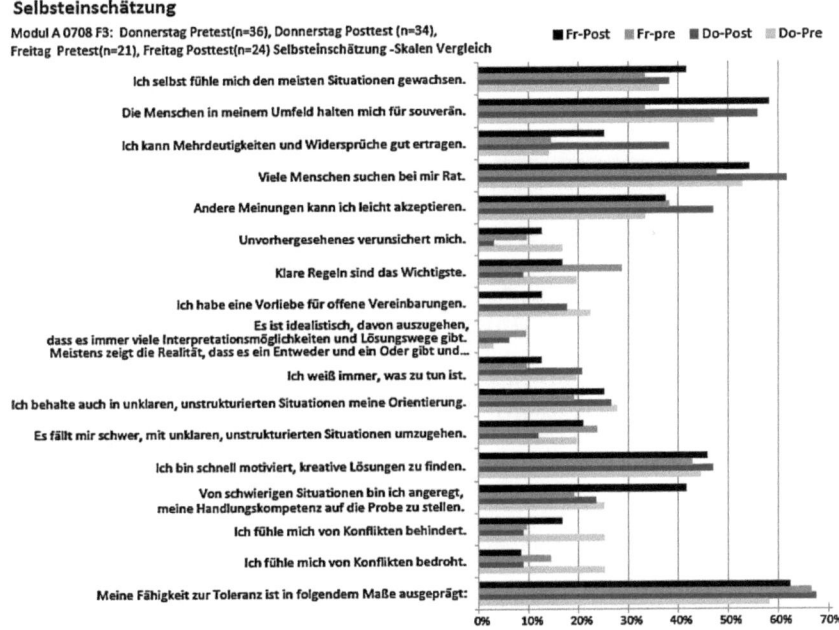

Abb. 11: *Selbsteinschätzung der Studierenden vor (Pretest) und nach (Posttest) der integrativen Mediationsausbildung;* © *Dr. Doris Klappenbach, FU Berlin)*

In der Fachbereichsevaluation zeigt sich eine überdurchschnittliche Bewertung der Kompetenzerweiterung durch die integrative Ausbildung:

Fragen zu diesen Ergebnissen beziehen sich häufig auf die Zahlen zur Teamfähigkeit. Bei einer Mediationsausbildung sind die diesbezüglichen Erwartungen i.d.R. relativ hoch. Hierzu lässt sich ausführen, dass in den Lehrveranstaltungen ein Lernprozess angeregt wird, der die Teilnehmenden dazu anregt, sich persönlicher miteinander zu beschäftigen als in den übrigen Seminaren.[79] Die Studierenden melden in der mündlichen Auswertung zurück, dass die tatsächliche

---

79 Die Erfahrungen aus den im Anschluss an die Grundausbildung in Modul A angebotenen Aufbautrainings an der Internationalen Akademie für innovative Pädagogik, Psychologie und Ökonomie (INA) der FU Berlin (Arbeitsbereich Mediative Kommunikation im Büro für psychosoziale Prozesse) zeigen, dass die Teamfähigkeit der Teilnehmenden sehr gut ausgebildet ist. Erklärend lassen sich die gängigen Theorien zu Gruppendynamik und Teambildung heranziehen.

Möglichkeit zur Kooperation für sie ein Aha-Erlebnis ist und dass sie sich zu Beginn des Seminars nicht vorstellen konnten, in einem Konflikt eine reale Win Win – Lösung zu finden. Anhand von Beispielen aus dem Seminar beschreiben sie, wie wichtig es ihnen ist, diese neue Perspektive ‚auszutesten', dass dies beinhalte, sich erst einmal Klarheit über die eigenen Interessen und Bedürfnisse zu verschaffen und diese im Konflikt zu vertreten (statt möglicherweise zugunsten der Beziehungsebene zurückzustecken oder einen möglichen Kompromiss zu idealisieren).

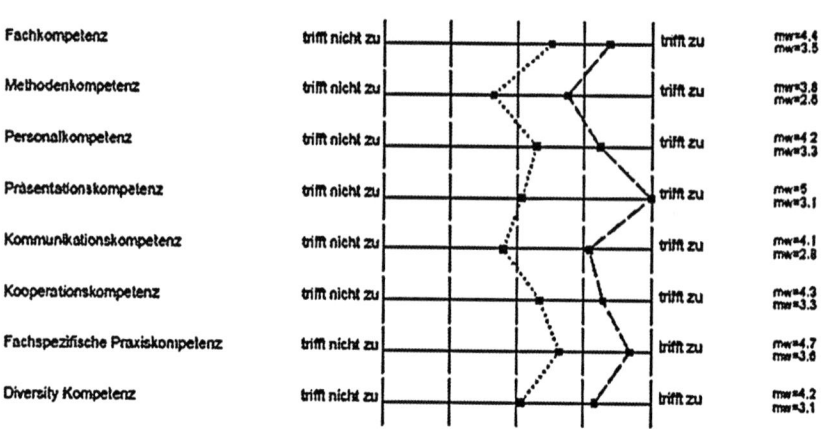

Profillinie

Teilbereich: Fachbereich Erziehungswissenschaft und Psychologie
Name der/des Lehrenden: Dr. Doris Klappenbach
Titel der Lehrveranstaltung: Mediation in pädagog. Handlungsfeldern
(Name der Umfrage)

Vergleichslinie: alle Lehrveranstaltungen Fachbereich Erziehungswissenschaft und Psychologie WS 2010/11

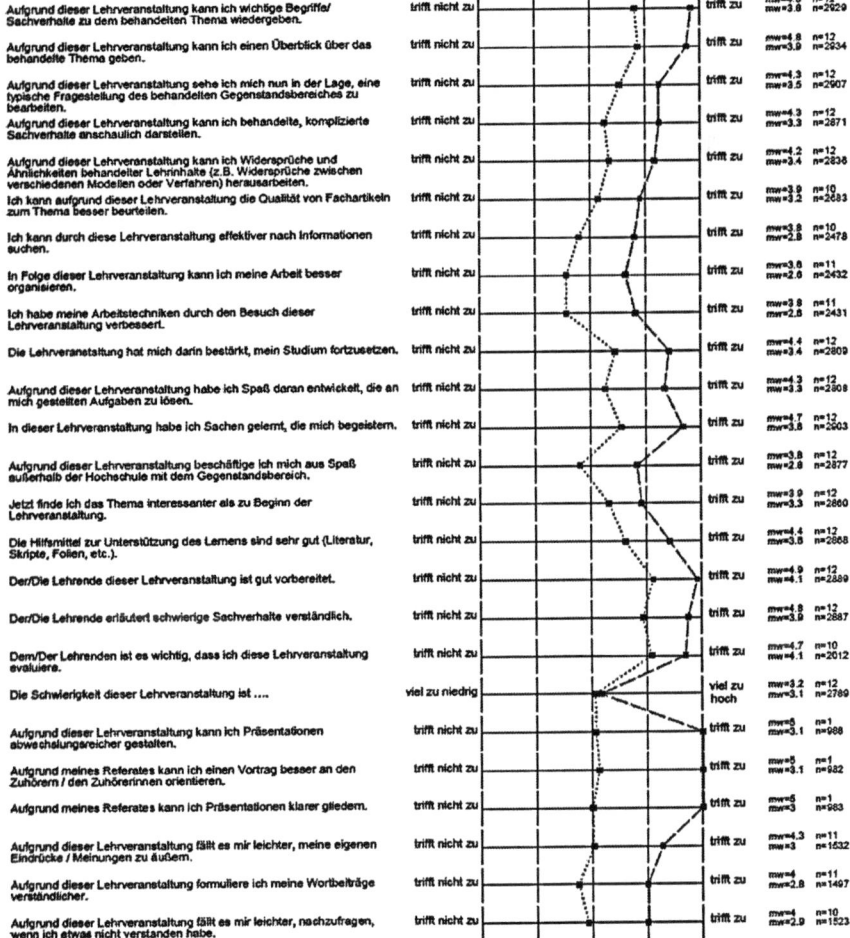

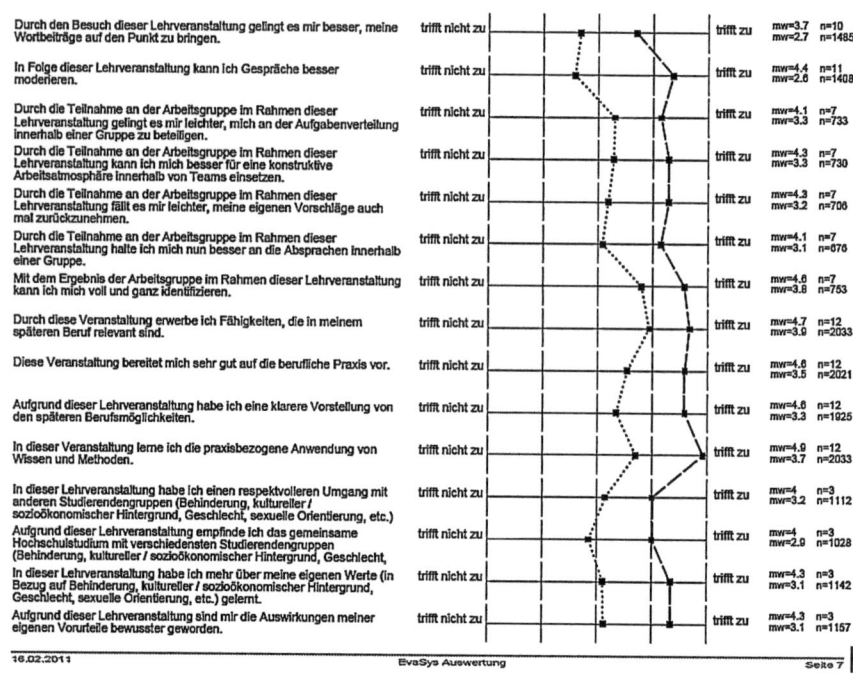

Abb. 12: Beispiel aus der aktuellen Fachbereichsevaluation (Wintersemester 2010/11)

Der Eindruck, der an diesem Punkt der Arbeit mit dem Ausbildungsangebot auf jeden Fall fundiert entsteht ist, dass die integrative Mediationsausbildung, wie sie bisher an der FU durchgeführt wurde, in ihrer innovativ gestalteten Konzeption zur Aus- und Weiterbildung Mediativen Konfliktmanagements deutliche Impulse setzt. Im Bereich der universitären Ausbildungsarbeit bietet sie Richtlinien für die Modernisierung der weiteren, stärker reglementierten Bildungsbereiche – was sich dort durchaus als willkommen erweist. Trotz diverser Anfragen wird zur Teilnahme am Modul A im Rahmen des Bachelor Erziehungswissenschaft grundsätzlich die Immatrikulation als Studierende/r vorausgesetzt, u.a. da dieses (bis auf die üblichen allgemeinen Studiengebüren kostenlose) Angebot sonst vom Freien Markt als Preisdumping verstanden wird.[80] Da für Konkurrenz und Fachschaft die Begleitforschung und die Perspektive der fortschreitenden Etablierung von Mediation durchaus von Interesse war, fand es dort die von den Beteiligten erwünschte Anerkennung und Unterstützung. Die Ausweitung des Angebots erscheint aufgrund des recht starken Interesses an diesem Konzept ei-

---

80 Die seltene Ausnahme bildeten hier Personen aus der Kontrollgruppe zur Begleitforschung.

ner Mediationsausbildung für pädagoische Handlungsfelder (mit der Integration und Schwerpunktsetzung Mediative Kommunikation) sinnvoll. Anfragen gab es u.a. für den Bereich der Lehreraus- und Weiterbildung, das fächerübergreifende Angebot an unterschiedlichen Universitäten sowie aus aktuellen und geplanten Projekten. Weiteres Klientel kommt beispielsweise aus dem Bereich der Weiterbildung von Erzieher/inne/n, Sozialarbeiter/inne/n und auch in anderen Bereichen auf dem Freien Markt, da das Ausbildungskonzept sich nun, da es einmal erstellt ist, problemlos in viele nicht als pädagogisch ausgewiesene Arbeitsbereiche übernehmen lässt. (vgl. Klappenbach 2009a, S. 383)

3.6 Zusammenfassung

Zusammenfassen lässt sich an dieser Stelle: Die in den Kapiteln 1 und 2 dargestellte Studie lieferte wertvolles Material für die Entwicklung der integrativen Mediationsausbildung. Die dargestellten Evaluationsergebnisse zeigen auf, dass die integrative Mediationsausbildung v.a. durch den grundständigen Einbezug des Vermittlungsansatzes Mediative Kommunikation Erziehungswissenschaftler/inne/n ein wertvolles Arbeitsinstrument bietet. Zu erweiterten Anwendungsmöglichkeiten lässt sich hier ergänzen: Die Art und Weise der praktischen Tätigkeit von Erziehungswissenschaftler/inne/n ist der anderer sozial und pädagogisch Arbeitender durchaus ähnlich und zu einem großen Teil vergleichbar. Die aktuellen Erfahrungen des Arbeitsbereiches Mediative Kommunikation im Büro für psychosoziale Prozesse an der Internationalen Akademie für innovative Pädagogik, Psychologie und Ökonomie (INA) der Freien Universität Berlin in der Ausbildungsarbeit mit anderen Zielgruppen macht deutlich, dass aktuell sowohl Bedarf als auch Wirkungsweise ebenso für weitere Anwendungsfelder (wie bspw. Wirtschaft, Recht, Medizin und zunehmend im Umweltbereich) gegeben sind.

Einen weiteren Hinweis gab und gibt die bereits beschriebene Entwicklung auf dem „Freien Ausbildungsmarkt" für Mediation: Der große Bedarf an (der Ausbildung von) mediativen Kompetenzen für deren verfahrensunabhängige Nutzung im beruflichen Alltag ist bis heute anhand des immer weiter werdenden Anwendungsspektrums von Mediationsausbildungsinhalten, insbesondere der Integration mediativer Elemente und vor allem einer mediativen Haltung in den beruflichen Alltag, erkennbar. Die Bereitschaft, in eine Zusatzqualifizierung in mediativem Konfliktmanagement zu investieren, scheint bis heute wesentlich größer als die, im Konfliktfall professionelle Mediator/inn/en zu engagieren.[81] Es ist möglich, dass die Bereitschaft durch das geplante Mediationsgesetz ansteigt. Es zeigt sich äquivalent zu den Kommentaren in den Interviews aktuell das große Interesse daran, über eine hilfreiche Methode zum Umgang mit Konflikten wie die der Mediation zu verfügen. Dass diese nicht mehr nur auf die Anwendung im konkreten Konfliktfall begrenzt wird, lässt sich als ein Motor für die beständige Ausweitung des Anwendungsspektrums für Mediation betrachten. Die Zunahme an berufsinternen Kompetenzentwicklungsangeboten signalisiert ebenso ein Interesse an der Einbindung von Mediation in bereits bestehende Arbeitskontexte. Einen weiteren Hinweis darauf gibt die unterschiedene Entwicklung der Mediation in den einzelnen Anwendungsbereichen, denn bekanntermaßen finden sich trotz des gleichen Grundphasenmodells in beispielsweise der Schulmediation völlig andere Ansätze als in der Wirtschaft oder der Interkulturellen Mediation. Anhand des großen Anteils von Pädagog/inn/en, Psycholog/inn/en und weiteren Sozialwissenschaftler/inn/en sowie Jurist/inn/en unter den Teilnehmenden von Mediationsausbildungen wird der Bedarf gerade in dieser Zielgruppe deutlich.

Die Evaluation im Zusammenhang mit den 2003, 2004 und 2005 im Diplomstudiengang Erziehungswissenschaften an der Freien Universität Berlin und im Institut für Medienkommunikation und Interkulturelle Kommunikation an der Technischen Universität Chemnitz (IMIK) sowie für Berliner Wirtschaftsunternehmen, Schulen, die Evangelische Fachhochschule Berlin und berufliche Ausbildungsträger durchgeführten Seminaren (Klappenbach 2002-2005) bestätigte die bereits dargestellten Interview- und Forschungsergebnisse, die besagen, dass Konfliktmanagement durch die Integration von mediativen Elementen in den Alltag zu einem Arbeitselement wird, das bereits vor der Verfestigung eines Konfliktstoffes zu einem handfesten Konflikt wirkt und dass bei potentiellen Teilnehmenden ein großes Interesse an der Ausbildung einer solchen Kompetenz besteht.

Auch die im weiteren befragten Teilnehmenden äußerten, dass sie die Aus- bzw. Weiterbildung in Mediation als sehr sinnvoll empfinden, es sich allerdings für sie als schwierig herausstellte, die dabei erworbenen Kenntnisse in der Praxis umzusetzen, zumal es beispielsweise aufgrund der Rahmenbedingungen (darunter insbesondere der Vertraulichkeit) und der Organisation der Durchführung von Mediation nur wenige Möglichkeiten gibt, dort wie in anderen Praxisfeldern üblich durch Praktika erst einmal sekundär lernend und übend Erfahrungen zu sammeln. Die Entwicklung eines Aus- und Weiterbildungskonzeptes mit der

---

81 vgl. hierzu auch Robrecht/Kreuser 2010 und das derzeit noch in der Durchführung befindliche Forschungsprojekt „Mediationskompetenz"

Ausweitung des Übungs- und Anwendungsfeldes von Mediation auf den privaten und beruflichen Alltag wurde u.a. aus dieser Situation heraus begrüßt.

In diesem Zusammenhang verdeutlicht sich die Vorreiterrolle des Angebots „Mediation in pädagogischen Handlungsfeldern" im Rahmen der Aus- und Weiterbildung: Die integrative Ausbildung qualifiziert sowohl für die Arbeit als anerkannte Mediator/inn/en als auch für die vielfältige praktische Arbeit als Pädagog/inn/en bzw. Erziehungswissenschaftler/innen. Es schafft eine Grundlage zur Spezialisierung in der Arbeit mit Kindern, Jugendlichen oder/und Erwachsenen, begleitet die Teilnehmenden in ihrer beruflichen Entwicklung und bietet auch denen eine hilfreiche Gesprächs- und Handlungskompetenz, die sich zu anderen Arbeitsbereichen hinwenden. Durch die Integration eines solchen Weiterbildungskonzeptes in die grundständige Ausbildung (deren Teilnehmende häufig berufspraktische Erfahrungen, aber selten bereits einen Abschluss haben) werden die Teilnehmenden bereits zu Anfang mit typischerweise nachgefragten Weiterbildungskompetenzen ausgestattet. Auch dies erleichtert Ihnen den sich aktuell anhand des erhöhten Leistungsdrucks, der Stellenknappheit und Befristungen in den Arbeitsverträgen etc. oftmals schwierig gestaltenden beruflichen Einstieg.[82]

Eine der durch die Begleitstudie bearbeiteten Fragestellungen war die, wie sich die Teilnahme an der integrativen Mediationsausbildung auf ihre beruflichen Perspektiven, Vorstellungen und Wünsche auswirkt.[83] Als konkrete Anwendungsfelder der in der Ausbildung vermittelten Inhalte gaben die Teilnehmenden vor allem der Zielgruppe entsprechend pädagogische Handlungsfelder an, auffällig dabei war allerdings, dass im Gegensatz zu den vorher befragten Gruppen, die eine Mediationsausbildung ohne den Schwerpunkt Mediativer Kommunikation absolviert hatten, wesentlich häufiger auch die Wirtschaft genannt wurde.[84].

Die tatsächlich ausnahmslos positive Annahme des Ausbildungsangebots bestätigt sowohl die Bedarfsanalyse als auch dessen konzeptionellen Ansatz. Dass der Bedarf nach wie vor besteht, zeigt sich beispielsweise daran, dass sich, schon

---

82 Bemerkungen, die einen Bedarf daran sichtbar machen, lassen sich in der bereits verwendeten Formulierung aus dem Rahmen der qualitativen Interviews zusammenfassen: „Was die Erfahrenen in Form von Weiterbildungen brauchen und sogar dringend einfordern, das braucht, wer am Anfang steht erst recht." (Person Ewi 2;346-347)

83 Es wäre im Zusammenhang der vorliegenden Expertise natürlich sehr interessant dies hier bereits ausgewertet darstellen zu können. Da stößt das vorhandene Potential an Interesse *(und natürlich auch meine eigene Neugier)* allerdings an die Begrenzung des zeitlich und kapazitär Möglichen. Die Bearbeitung des Materials ist noch nicht so weit fortgeschritten, dass man dieses komplexe Thema weit genug fassen kann. So bleibt an dieser Stelle lediglich der Ausblick darauf, dass die Forschung sich mit diesem Thema weiterhin gezielt befassen wird.

84 Inwieweit diese Angaben bereits valide sind und diese und andere Zielstellung des Ausbildungsangebotes für erfüllt erklären, ist allerdings ebenfalls noch festzustellen.

als das Modul: Mediation in pädagogischen Handlungsfeldern angekündigt wurde, zahlreiche Interessierte anmeldeten – darunter eine geraume Anzahl an Studierenden aus Diplomstudiengängen, anderen Fachbereichen, Universitäten und Fachhochschulen. Trotz strikter Teilnehmendenbegrenzung (auf 30 Personen) und der aktuellen Kapazitätenknappheit wurde das Angebot Modul A aufgrund des großen Bedarfs nach der ersten Veranstaltung im ersten Jahrgang durch eine zweite parallel durchgeführte Ausbildung erweitert. Die zwei Gruppen fanden meist mit mehr Teilnehmenden als vorgesehen statt. Bereits einige Wochen nach Beginn des ersten Durchlaufs von Modul A wurde für potentielle Teilnehmenden des Folgedurchgangs eine Warteliste erstellt. Die nachfolgenden Ausbildungsdurchgänge wurden und werden bis heute mit je drei parallelen Gruppen durchgeführt.

Die Rückmeldung der Absolvent/inn/en zeigt, dass mit der Doppelqualifikation, die im Bachelor bisher durch das Modul gegeben ist, die Chancen, nach dem Bachelor-Abschluss eine Stelle zu erhalten, deutlich größer ist. Die grundsätzliche Motivation, einen Masterstudiengang an das Bachelorstudium anzuschließen, ist relativ groß. Ein nicht geringer Anteil derjenigen, die das (unabhängig von der erworbenen Zusatzqualifikation) nicht wollen oder können, entscheidet sich, die in den Bachelor integrierte Grundausbildung so zu erweitern, dass ihnen der Weg in die Selbständigkeit und auch in die Wirtschaft erleichtert wird und erhält damit durch die Zusatzqualifikationsmöglichkeit, nach erfolgreichem Abschluss des Moduls eine Bescheinigung über die Grundausbildung in Mediation und Mediativer Kommunikation (120 Stunden) nach den Standards des Bundesverbandes Mediation zu erhalten, eine wertvolle Unterstützung. Die Anerkennungsmöglichkeit der im Studium erworbenen Grundausbildung unterstützt gleichstellungsorientiert auch Studierende mit geringen finanziellen Mitteln, sich entsprechend weiter qualifizieren zu können.

Die Praxis zeigt, dass auch für Studierende, die einen der auf eine zukünftige Forschungstätigkeit ausgerichteten Masterstudiengänge an ihren Bachelor-Abschluss anschließen, die Inhalte des Moduls grundlegend sind. An diversen Erfahrungen mit den aktuellen Bildungsreformen wird sehr deutlich, dass diejenigen, die sie konzipieren, auf Erfahrungen mit der Praxis zurückgreifen können sollten, um nachhaltige Konzepte zu entwickeln. Die Absolvierenden brauchen – wo auch immer sie dann tätig sind – grundlegende Methoden zu Konfliktmanagement und interessenbasierter Kooperation. Der an diesem Fachbereich speziell für erziehungswissenschaftliche Arbeitsfelder (inkl. Forschung) umgesetzte Vermittlungsansatz der mediativen Kommunikation, dessen primäre Zielstellung wie oben beschrieben die Entwicklung von Schlüsselkompetenzen, nicht eine auch in einer Weiterbildung erwerbbare Mediationsausbildung ist, ist darauf ausgerichtet, dass die Studierenden sowohl im Umgang mit Menschen als auch mit wissenschaftlichen Theorien und Konzepten interdisziplinär anwendbare Methoden an die Hand bekommen: Für ihr Studium, für die Entwicklung ihrer beruflichen Perspektiven, für das gesamte Spektrum von erziehungswissenschaftlichen Handlungsfeldern. Nicht nur im Bachelorstudium, sondern auch in einem anschließenden Masterstudiengang bauen die Studierenden auf diese Kompetenzen auf. Dies wird in Rückmeldungen von Master-Studierenden betont und bestätigt.

Bezogen auf den didaktischen Ansatz, Mediative Kommunikation als Lehr- und Lerninhalt zu begreifen und in der Vermittlung gezielt einzusetzen, zeigen die bisherigen Erfahrungen mit unseren Zertifikatsstudiengängen am Arbeitsbereich Mediative Kommunikation (AMK/OPSI) an der Internationalen Akademie für innovative Pädagogik, Psychologie und Ökonomie (INA) der Freien Universität Berlin ebenso positive Ergebnisse.[85] Das Basismodul umfasst 120 Stunden Mediation und Mediative Kommunikation und nimmt dabei Mediation, Coaching und Training als Anwendungsschwerpunkte gezielt in den Blick. Mediation wird als Methode der Konfliktbearbeitung (im Mediationsverfahren, Paar- und Teamcoaching, Team- und Gruppentraining) fundiert vermittelt[86]. Die drei Schwerpunkte können im Rahmen des Zertifikatsstudiums bedarfsorientiert in spezialisierten Aufbaumodulen vertieft und durch rollenspezifische Anwendung und Reflexion, Methodenerweiterung und Übungspraxis ergänzt werden.

Das Aufbaumodul Mediation widmet sich v.a. dem Training für Mediationsverfahren in unterschiedlichen Anwendungsbereichen. Das Aufbaumodul Coaching setzt zusätzlich zur erworbenen Konfliktbearbeitungskompetenz das umfangreiche Training des Pacing[87] aus dem Basismodul Mediation und Mediative Kommunikation voraus, um auf dieser Grundlage Möglichkeiten erfolgreichen Leadings[88] zu fokussieren und insbesondere anhand der Coachinganläs-

---

85 vgl. www.diversity-kompetenz.com
86 Am Ende der Ausbildung erhalten die Teilnehmenden ein Zertifikat, das den Standards des aktuellen Entwurfs des Mediationsgesetzes gerecht wird. Das Zertifikatsstudienprogramm möchte hier den Brückenbau zwischen Wissenschaft, Recht und Praxis weiterführen und zur Sicherung der bewährten Qualitätsstandards für Mediationsausbildung beitragen.
87 Pacing beschreibt im NLP, Neurolinguistischen Programmieren, sich auf das Gegenüber einzustellen. In der erweiterten definitorischen Variante, die dem Konzept des Arbeitsbereichs entspricht, beinhaltet dies, ihn/sie im Gespräch ‚dort abzuholen, wo er/sie steht' (Grundprinzip sog. ‚Hilfe zur Selbsthilfe'), Schritt für Schritt in ihren/seinen Schuhen zu gehen (vgl. Rogers) und zur Gestaltung des Kontaktaufbaus, der Etablierung und Wahrung des Sicheren Rahmens im Gesprächsprozess sowie zur Verständnissicherung im empathischen Aktiv Zuhören umzusetzen.
88 Hier wird davon ausgegangen, dass erfolgreiches Leading nur möglich ist, wenn sich das Gegenüber auch leaden lässt und dass umfassendes Pacing die Wahrscheinlichkeit eines ausreichenden Rapports als Grundlage für die Umsetzung von Leading erhöht.

se[89] Ziel(findung und -erreichung), Konflikt[90], System und Leben(sgeschichte) die Rolle einer/s professionellen Coach/s umzusetzen.[91] Das Aufbaumodul Training setzt an an der im Basismodul vermittelten Konflikt-, Verhandlungs- und Kommunikationskompetenz. Das Zusammenspiel von Pacing und Leading in der Rolle der/s Trainierenden wird fokussiert und wesentliche Training Tools (theoretische und praktische Erweiterungen zur Begünstigung von Lehr- und Lernprozessen) ergänzt.

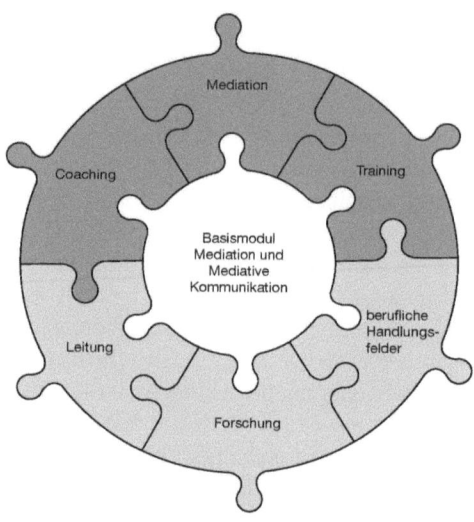

Abb. 13: Darstellung des Zertifikatsstudienmodells mit Anknüpfung an ausgewählte Anwendungsbereiche mediativer Basiskompetenz im Kontext lebenslangen Lernens[92]

---

89   vgl. Böhmer/Klappenbach 2007
90   Mediation und Mediative Kommunikation werden erweitert als Methode zur Bearbeitung intrapersonaler Konflikte herangezogen.
91   Die Erfahrung mit den Ausbildungsgruppen zeigt, dass durch in der Basisausbildung umgesetzte Mediationsrollenspiele, in denen je 2 Teilnehmende gleichrangig die Rollen der Mediierenden einnehmen das Pacing besonders gut trainiert werden kann. Die Lernenden können sich im Mediationsprozess nicht auf ihre eigene Strategie stützen, sondern werden trainiert, prozessorientiert und bedarfsgerecht professionell zu agieren, statt gemessen an ihren eigenen Vorstellungen zu Umsetzung der Lösung auf die Konfliktparteien zu reagieren.
92   Ich bedanke mich hier bei Niels Eickelberg, der die hervorragende Idee für die Veranschaulichung durch ein rundes Puzzle hatte und bei Meike Teichmann für die technische Umsetzung der Graphik. (Anm. DK)

Sowohl die Ausbildungsinhalte als auch die Qualifikation der Lehrenden entsprechen sowohl dem universitären Rahmen als auch den Standards der Fachverbände Mediation[93] in Deutschland, Österreich und der Schweiz sowie denen des Deutschen Verband für Coaching und Training (dvct) und ermöglichen eine entsprechende Anrechnung bzw. Anerkennung der Ausbildung im Verfahren einer jeweiligen Verbandszertifizierung.

---

93 Als grundlegend sind hier die Standards des für alle Berufsgruppen offenen Bundesverbandes Mediation e.V. (www.bmev.de) gewählt.

Quellenverzeichnis

Arnold, R. (1996). Vom „Abbild" zur „Aufklärung". Lesarten und Missverständnisse zum Theorie-Praxis-Problem. In: GdWZ 7. 1996/3. S.153-155.
Austin, A./Fischer, M./Ropers, N. (Hg.) (2004). Transforming Ethnopolitical Conflict – The Berghof Handbook. Wiesbaden: VS Verlag für Sozialwissenschaften.
Backes-Haase, A. (1999). Anmerkung zum Theorie-Praxis-Problem der Berufs- und Wirtschaftspädagogik. In: Vierteljahresschrift für wissenschaftliche Pädagogik 69/1999. Bd. 2. S. 36-56.
Backes-Haase, A. (1998). Wirtschaftsberufliche Bildung in der spätmodernen Gesellschaft. Das „Theorie-Praxis-Problem" als Problem mehrdimensionaler System-Umwelt-Beziehungen wirtschaftsberuflicher Bildung. In: ZfB 94/1. S. 23-36.
Bade, K. J. (Hg.) (2001). Einwanderungskontinent Europa: Migration und Integration am Beginn des 21. Jahrhunderts. Heft 4. Münster: OBS.
Baumer, T. (2002). Handbuch interkulturelle Kompetenz. Zürich: Orell-Füssli.
Becker-Schmidt, R./Bilden, H. (1991). Impulse für die qualitative Sozialforschung aus der Frauenforschung. In: Flick, U. Handbuch qualitative Sozialforschung. München: Psychologie-Verlags-Union. S. 23-30.
Behn, S./Kügler, N. (2006). Mediation an Schulen: Eine bundesdeutsche Evaluation. Institut für Sozialpädagogische Forschung. Wiesbaden: VS.
Bergemann, N./ Sourisseaux, A.L.J. (1996). Interkulturelles Management. Heidelberg: Physica. S. 173-199.
Bertraux, D./Kohli, M. (1984). The Life Story Approach: a continental view. Annual Review of Sociology 10. S. 215-237.
Bleil, N. (2005). Interkulturelle Kompetenz in der Erwachsenenbildung – ein didaktisches Modell für die Trainingspraxis. Dissertation. Fachbereich Erziehungswissenschaft und Psychologie der Freien Universität Berlin. März 2005. (veröffentlicht 2006 in: *Europäische Hochschulschriften – Reihe XI 942*. Frankfurt: Lang)
BMAS (2005). Evaluation des Bundesprogramms XENOS–Zwischenbericht 2005. Bundesministerium für Arbeit und Soziales. Hamburg : Rambøll Management

Böhmer, A./Klappenbach, D. (2007). Mit Humor und Eleganz. Supervision und Coaching als Beratungsangebote in Organisationen und Institutionen. Paderborn: Junfermann.
Böhmig-Krumhaar, S. A./Staudinger, U. M./Baltes, P. B. (2002). Mehr Toleranz tut Not: Lässt sich wertrelativierendes Wissen und Urteilen mit Hilfe einer wissensaktivierenden Gedächtnisstrategie verbessern? In: Zeitschrift für Entwicklungspsychologie und Pädagogische Psychologie 34/1. S. 30-43.
Bohnsack, R. (2007). Rekonstruktive Sozialforschung: Einführung in qualitative Methoden. München: UTB.
Bohnsack/Marotzki/Meuser (2003). Hauptbegriffe Qualitativer Sozialforschung.
Bolten, J. (2007). Einführung in die Interkulturelle Wirtschaftskommunikation. München: UTB/Vandenhoeg&Ruprecht.
Bolten, J. (2003). Interkultureller Trainingsbedarf aus der Perspektive der Problemerfahrungen entsandter Führungskräfte. In: Götz, K. (Hg.). Interkulturelles Lernen/Interkulturelles Training. München: Hampp. S. 61-80.
Bolton, Jürgen (2001). Interkulturelle Kompetenz. Landeszentrale für politische Bildung Thüringen.
Bourdieu, P. (1997). Das Elend der Welt. Zeugnisse und Diagnosen alltäglichen Leidens an der Gesellschaft. Konstanz.
Braun, E./Hannover, B. (2009). Kompetenzmessung und Evaluation von Studienerfolg. Deutsches Institut für Internationale Pädagogische Forschung/ BMBF.
Braun, E./Soellner, R./Hannover, B. (2006). Ergebnisorientierte Lehrveranstaltungsevaluation. In: Hochschulrektorenkonferenz (HRK). Qualitätsentwicklung an Hochschulen – Erfahrungen und Lehren aus 10 Jahren Evaluation (S. 60-67). Bonn: HRK.
Breidenbach, S. (1995). Mediation. Struktur, Chancen und Risiken im Konflikt. Köln: Schmidt.
Büchel, F.; Pannenberg, M. (2002). Bildung und berufliche Weiterbildung. Datenreport 2002: Zahlen und Fakten über die Bundesrepublik Deutschland 376. Berlin: MPI. S. 483-493.
Budde, A. (Hg.) (2001). Quak-Dokumentation. Institut für faires Konfliktmanagement und Mediation. Köln.
Busch, D. (Hg.) (2006). Interkulturelle Mediation in der Grenzregion. Frankfurt a. M.: Lang.
Busch, D. (2005). Interkulturelle Mediation: eine theoretische Grundlegung triadischer Konfliktbearbeitung in interkulturell bedingten Kontexten. Frankfurt a. M.: Lang.

Coatsworth, J.D./Masten, A.S. (1998). The development of competence in favourable and unfavourable environments. Lessons from research on successful children. American Psychologist 53/2. S. 205-220.
Czollek, L. C./Perko, G. (2006). Mahloquet als integrative Methode des Dialoges: ein Mediationsverfahren in sieben Stationen. In: Perspektive Mediation. Beiträge zur KonfliktKultur 4/2006. Wien: Verlag Österreich.
Czollek, L.C. (2004). Interkulturelle Methoden in der Mediation bei nachhaltig wirkenden kulturellen Differenzen. Aktuelle Konflikte in Deutschland zwischen Menschen aus der ehemaligen DDR und BRD im Arbeits- und Ausbildungsbereich. In: dies. Streiten Kulturen? Konzepte und Methoden einer kultursensitiven Mediation, Metha, Gerda/Rückert, Klaus (Hg.). Wien: Verlag Österreich.

Diehl, Ch. (2000). Die Methode Mediation. In: Infoblatt Mediation 8. Kassel: BM e.V. S. 49-50.
Dietrich, A. (2000). Interkulturelle Konflikte am Arbeitsplatz. In: Zeitschrift für Personalführung 5/2000. S. 26-35.
Duss – von Werth, J. (2005). homo mediator. Geschichte und Menschenbild der Mediation. Stuttgart: Klett-Cotta.

EMC I (2007). Europäische Mediationskonferenz 2007: „Europe goes Mediation". 28. – 29. September 2007. Wien: European Mediation Conference 2007 (EMC I). In: http://www.europemediation.eu/ Europaeische-Mediations-Konferenz-2007/Konferenzdesign/ (02.01.2009)
Erikson, E. H. (1959). Identity and the life circle. Selected papers. New York: International Universities Press.

Forschungsprojekt Mediation im Betrieb (Hg.) (1999). Konflikte im Arbeitsleben. Hamburg: Fachhochschule Hamburg.
Faller, Kurt (2006). Konfliktkosten senken – Prozesse optimieren. Zeitschrift für Konfliktmanagement 6/2006, S. 177-180.
Fischer, M. (2001). Konflikttransformation durch Training in gewaltfreier Aktion. Die Arbeit des 'Centre for Nonviolent Action' (Sarajevo) in der Balkan Region. Evaluations-Report/März 2001.
Fisher, R./Ury, W./Patton, B. (2000). Das Harvard-Konzept. Sachgerecht verhandeln – erfolgreich verhandeln. Frankfurt a.M./New York: Campus.
Flick, U./von Kardoff, E./Steinke, I. (2007). Qualitative Forschung. Ein Handbuch. Reinbek: Rowohlt. S. 468-474.
Flick, U. (1995). Qualitative Forschung – Theorien, Methoden, Anwendung in Psychologie und Sozialwissenschaften. Reinbek: Rowohlt.

Focus (2009). FOCUS-Uni-Ranking. Vom Wissen um Länder, Staaten und Gesellschaften. In: http://www.focus.de/wissen/wissenschaft/focus-und150-uni-ranking-und150-bewertung-vom-wissen-um-laender-staaten-und-gesellschaften_aid_225814.html?interface=table&id=225814 &ao_id=85858 (02.01.2009)

Fuchs, W. (1984). Biographische Forschung. Eine Einführung in Praxis und Methoden. Opladen: Westdeutscher Verlag.

Gamm, G. (1994). Flucht aus der Kategorie. Die Positivierung des Unbestimmten als Ausgang der Moderne. Frankfurt/M.

Glaser, W. (1999). Vorbereitung auf den Auslandseinsatz. Theorie, Konzept und Evaluation eines Seminars zur Entwicklung interkultureller Kompetenz. Neuried: Ars Una.

Glasl, F. (2002). Konfliktmanagement: Ein Handbuch zur Diagnose und Behandlung von Konflikten für Organisationen und ihre Berater. Bern: Haupt. Stuttgart: Freies Geistesleben.

Haan, G. de (1991). Über Metaphern im pädagogischen Denken. In: Oelkers, J. et al. (Hg.). Pädagogisches Wissen. 27. Beiheft der Zeitschrift für Pädagogik. Weinheim.

Harding, S. (1987). Feministische Wissenschaftstheorie. Zum Verhältnis von Wissenschaft und geschlecht. Hamburg: Argument.

Haumersen, P./Rademacher, H./Ropers, N. (2002). Konfliktbearbeitung in der Zivilgesellschaft. Die Workshopmethode im rumänisch-ungarischen Konflikt. Konflikttransformation Bd. 1. Hamburg.

Haumersen, P./ Liebe, F. (1999). Multikulti: Konflikte konstruktiv. Trainingshandbuch Mediation in der interkulturellen Arbeit. Mühlheim: Verlag an der Ruhr.

Heintel, Peter/Krainer, Larissa (2004). Mediation, Macht, Gerechtigkeit. Mediation macht Gerechtigkeit. In: Mehta, Gerda/Rückert, Klaus (Hg.). Streiten Kulturen? Wien, New York: Springer. S. 69-82)

Heimannsberg, B. (2000). Interkulturelle Beratung – Ein Leitfaden für Prozessbegleiter. In: Heimannsberg, B./Schmidt-Lellek, C. J. (Hg.). interkulturelle Beratung und Mediation. Köln: EHP. S. 69-86

von Helmolt, K. (1997). Kommunikation in internationalen Arbeitsgruppen. München: Iudicum.

Herbrand, F. (2002): Fit für fremde Kulturen: interkulturelles Training für Führungskräfte. Bern/Stuttgart/Berlin: Haupt.

Heppner, S. (1997). Interkulturelles Lernen in der außerschulischen Jugendbildungsarbeit. Gelnhausen: TRIGA.

Hinnenkamp, V. (1994). Interkulturelle Kommunikation – strange attractions. Zeitschrift für Literaturwissenschaft und Linguistik (LiLi) 93/ 1994. Franceschini, R./Haubrichs, W./Klein, W./Schnell, R. (Hg.). Siegen: J.B. Metzler. S. 46-74

Hinz-Rommel, W. (1994). Interkulturelle Kompetenz. Münster, New York: Waxmann.

Hofstede, G. (2006). Lokales Denken, globales Handeln – Kulturen, Zusammenarbeit und Management. München: dtb.

Irle, Günter (2003). Wirkung von Organisations- und Wirtschaftsmediation. Supervision 2/2003, S. 55-65

Kiefer, P. (2002). Die europäischen Sprachenzertifikate (TELZ): und das Lernziel „Interkulturelle Kompetenz". In: Hessische Blätter zur Volksbildung Nr. 1. S. 59-64.

Kinast, E.-U. (1998). Evaluation interkultureller Trainings. Lengerich: Pabst Science Publishers.

Klappenbach, D. (2010). Diversity-Kompetenz. Zum Diversitätsmanagement des Diversitätsmanagements. In: Spektrum der Mediation. 39. Ausgabe. Kassel: BM. S. 13-16.

Klappenbach, D. (2009b). Diversity-Kompetenz in der Erziehungswissenschaft. Eine Strategie zur Umsetzung von Gleichstellung im Zusammenhang mit der aktuellen Hochschulreform. Peter lang.

Klappenbach, D. (2009a). Integrative Mediationsausbildung. In: Spektrum der Mediation. 34. Ausgabe. Kassel: BM. S. 21-24.

Klappenbach, D. (2007a). Mediation am Tor zur Alltagswelt. In: Spektrum der Mediation. 22. Ausgabe. Kassel: BM. S. 30-31.

Klappenbach, D./Böhmer, A. (2007b). Mit Humor und Eleganz. Supervision und Coaching als Beratungsangebote in Organisationen und Institutionen. Paderborn: Junfermann.

Klappenbach, D. (2007c). Mediative Kommunikation: Mediation am Tor zur Alltagswelt. Ein aktueller Bericht aus Forschung und Mediationsausbildungsarbeit mit dem Ansatz der Mediativen Kommunikation. In: Lange, Ralf et al (Hg.) Frischer Wind für Mediation. Konzepte, Methoden, Praxisfelder und Perspektiven der Konfliktberatung. Band 3. Berlin: Schriftenreihe des BM e.V.

Klappenbach, D. (2007d). FB Erziehungswissenschaft und Psychologie. In: Koreuber, Mechthild. Zentrale Frauenbeauftragte der Freien Universität Berlin (Hrsg.). „Frauenförderung und Gender Mainstreaming – Profilelemente einer exzellenten Universität", Bericht der zentralen Frauenbeauftragten der FU Berlin 2008

Klappenbach, D. (2006). Mediative Kommunikation. Paderborn: Junfermann.

Klappenbach, D. (2005a). Mediative Kommunikation – Ein Plädoyer für die breitere Anwendung mediativer Kompetenzen. In: Spektrum der Mediation. 18. Ausgabe. Kassel: BM. S. 30-31.

Klappenbach, D. (2005b). Mediative Kommunikation – Ein Spektrum mediativer Gesprächs- und Handlungskompetenz für Beruf und Alltagswelt. In: Forum Mediation. 2. Ausgabe/ 8. Jahrgang. Luzern: SVM. S. 16-21.

Knapp, P./Novak, A. (2002). Die Bedeutung der Kultur in der Mediation. ZKM – Zeitschrift für Konfliktmanagement 1/ 2002. S. 4-8.

Kuhl, J. (1983). Motivation, Konflikt und Handlungskontrolle. München: Max-Planck-Institut für Psychologische Forschung.

Lange, M. (2001). Mediationsausbildung an der EFH Ludwigshafen. In: Infoblatt Mediation Herbst 2001. Minden: Bundesverband Mediation e.V. Minden. S. 27

Langmaack, B. (2004). Einführung in die Themenzentrierte Interaktion. Weinheim/Basel: Beltz.

Leenen, W. R./Groß, A./Grosch, H. (2002). Interkulturelle Kompetenz in der Polizei: Qualifizierungsstrategien. In: Gruppendynamik und Organisationsberatung. 33. Jahrgang. Heft 1. Leverkusen: Leske+Budrich. S. 97-120.

Leiprecht, R. (2001). Alltagsrassismus. Eine Untersuchung bei Jugendlichen in Deutschland und den Niederlanden. Münster: Waxmann.

Liebe, F./Gilbert, N. (1996). Interkulturelle Mediation – eine schwierige Vermittlung. Eine empirisch-analytische Annäherung zur Bedeutung von kulturellen Unterschieden. Berghof-Report Nr. 2. Berlin: Berghof Forschungszentrum für konstruktive Konfliktbearbeitung.

Luchtenberg, S. (1998). Interkulturelle Kommunikative Kompetenz als Schlüsselqualifikation für Wirtschaft und Beruf. In: Zeitschrift für Berufs- und Wirtschaftspädagogik. Band 94, Heft 1. Stuttgart: Steiner. S. 37-51.

Maturana, H. (1996). Was ist erkennen? München/Zürich.

Mayring, P. (2008). Qualitative Inhaltsanalyse: Grundlagen und Techniken. 10., neu ausgestattete Auflage. Weinheim: Beltz

Mayring, P./Gläser-Zikuda, M. (2005). Die Praxis der Qualitativen Inhaltsanalyse. München: utb.

Mayring, P. (2007). Qualitative Inhaltsanalyse. In: Flick, U./von Kardoff, E./Steinke, I. (Hg.). Qualitative Forschung. Ein Handbuch. Reinbek: Rowohlt. S. 468-474.

Mayring, P. (2002a). Qualitative Inhaltsanalyse: Grundlagen und Techniken. Weinheim: Beltz.
Mayring, P. (2002b). Einführung in die qualitative Sozialforschung: Eine Anleitung zu qualitativem Denken. Weinheim: Beltz.
Mayring, P. (1996). Lehrbuch qualitativer Forschung. Eine Einführung in qualitatives Denken. Weinheim: Psychologie Verlags Union.
Mecheril, P. (2002b). Multikulturalismus und die Konstruktion der Anderen. Ein anerkennungstheoretischer Kommentar. Münster: IKS.

Nagel, B./Jaich, R. (2002). Bildungsfinanzierung in Deutschland – Analyse und Gestaltungsvorschläge. Endbericht an die Max-Träger-Stiftung. Kassel: Max-Träger-Stiftung. S. 172.

Oelkers, J. (1991). Metapher und Wirklichkeit. Die Sprache der Pädagogik als Problem. In: Oelkers, J. et al. (Hg.). Das Symbol – Brücke des Verstehens. Stuttgart.

Paterna, M./Gamm, U. (02/2005). Wirtschaftsmediation für Klein- und Mittelunternehmen in Österreich. Forschungsprojekt im Auftrag des Bundesministeriums für Wirtschaft und Arbeit in Kooperation mit der Universität Klagenfurt. Abschlussbericht.
Plummer, K. (1983). Documents of Life. An Introduction to the Problems and Literature of a Humanistic Method. London.
Polkinghorne, D. (1983). Methodology For The Human Sciences: Systems Of Inquiry. Albany: State University Of New York Press.
PriceWaterhouseCoopers in Zusammenarbeit mit der Europa-Universität Viadrina Frankfurt/Oder (04/2005). Commercial Dispute Resolution. Konfliktbearbeitungsverfahren im Vergleich. Abschlussbericht.

Robrecht, T./Kreuser, K. (2010). Mediation kann mehr. In: Spektrum der Mediation. 39. Ausgabe. Kassel: BM. S. 46-48.
Ropers, N. (1997). Third Parties in Ethnopolitical Conflicts. Roles and Functions of the Constructive Management of Norbert Ropers. In: Berghof Occasional Paper No. 14. Berghof Research Center of Constructive Conflict Management.
Rosenberg, M. B. (2002). Gewaltfreie Kommunikation. Aufrichtig und einfühlsam miteinander sprechen. Neue Wege in der Mediation und im Umgang mit Konflikten. Paderborn: Junfermann.

Schieferstein, W./Trossen, A. (2003): Integrierte Mediation – nachfragegerechtes Konfliktmanagement: Wer will schon Mediation? In: BM (Hg.) 2003. Vitamin M – Gesellschaftliche Relevanz von Mediation. Jahreskongress 2003. S. 133 – 134

Schwertfeger, Elke (2007). Mediation durch innerbetriebliche Mediatoren: Werden deren Erwartungen, an die Umsetzung von innerbetrieblicher Mediation, in der Realität erfüllt? ARGE Bildungsmanagement Wien.

Sepehri, P. (2002). Diversity und Managing Diversity in internationalen Organisationen: Wahrnehmung zum Verständnis und ökonomischer Relevanz. Dargestellt am Beispiel einer empirischen Untersuchung in einem Unternehmensbereich der Siemens AG. München: Hampp.

Slembek, E./Geißner, H. (Hg.) *(1998)*. Feedback: Das Selbstbild im Spiegel der Fremdbilder. St. Ingbert: Röhrig Universitätsverlag.

Sprung, A. (2003). Bildungsmarkt Interkulturalität – eine Erfolgsgeschichte? Dokument aus dem Internet-Service Texte Online des Deutschen Instituts für Erwachsenenbildung. In: http://www.die-bonn.de/esprid/dokumente/doc-2003/sprung03_01.pdf (02.01.2009).

Thomas, A. (Hg.)(1996a). Psychologie interkulturellen Handelns. Göttingen: Hogrefe.

Thomas, A. (1996b). Psychologie und multikulturelle Gesellschaft. Problemanalysen und Problemlösungen. Göttingen: Verlag Angewandte Psychologie

Thomas, A./Hagemann, K. (1996), Training interkultureller Kompetenz. In: Bergemann, N./ Sourisseaux, A.L.J. (Hg.). Interkulturelles Management. Heidelberg: Physica. S. 173-199.

Vester, H.-G. (1996). Kollektive Identitäten und Mentalitäten: von der Völkerpsychologie zur kulturvergleichenden Sozialpsychologie und interkulturellen Kommunikation. In: Beiträge zur sozialwissenschaftlichen Analyse interkultureller Beziehungen. Bd. 1. Frankfurt a.M.: IKO.

Wietasch, B. & Partner in Zusammenarbeit mit dem Institut für Grundlagenforschung GmbH (06/2006). Konfliktlösung und Wirtschaftsmediation in Österreichischen Unternehmen.

Wildt, J. (2007). Praxisbezug in Studium und Lehre. Anmerkungen aus Sicht der Hochschuldidaktik. In: BdWi-Studienheft 4: Bildung – Beruf – Praxis. S. 32-35.

Zweisicht. Bähner, C./Schwertfeger, E. Managementwissen online (2003): Marktanalyse zur Anwendung von Mediation in deutschsprachigen Unternehmen. Freiburg: Studie.